KB242091

운명을 바꾸는 **1%**

어제보다 더 나은 오늘을
살 수 있게 하는 1퍼센트의 힘

운명을 바꾸는 1%

톰 코넬란 지음 | 최종옥·송진구 옮김

갈대상자

ONTENTS

1

터닝 포인트

승자와 패자의 차이가 겨우 1퍼센트라고?

켄은 업무를 마무리하고 컴퓨터 전원을 끈 뒤 의자 깊숙이 몸을 묻었다. 오늘도 보람찬 하루였다. 퇴근하는 한 여자 동료가 보여 웃으며 손을 흔들어 인사를 건넸다. 마음이 맞는 동료들과 함께 뜻을 모아 열심히 일한다는 건 얼마나 근사한 일이던가.

켄의 시선이 바로 얼마 전에 액자로 만들어 벽에 걸어둔 상장에 멎었다. 그 옆으로 다른 상장들이 줄줄이 걸려 있었다. 켄은 이 상장들을 받을 때마다, 그리고 이어진 승진과 찬사들이 얼마나 달콤했었는지 떠올려보았다.

책상에 있는 가족사진이 눈에 들어왔다. 켄은 굉장히 멋진 여인과 결혼했고 결혼생활은 행복했다. 켄과 아내는 서로 사랑했고, 힘들고 어려운 시기에는 서로에게 의지가 되어 주었다. 또한 아들과 딸은 켄의 가장 큰 자랑이었으며 아이들과 함께 있는 것은 그에게 큰 기쁨이었다. 아이들만 생각하면 입가에 미소가 번지곤 했다.

켄은 만족스러운 듯 숨을 깊이 들이마셨다. 분명 그는 이 세상 그 누구보다도 행복한 사람이었다.

그러나 그의 인생이 늘 이랬던 것은 아니었다. 6개월 전, 켄은 슬럼프에 빠져 있었다. 그때를 떠올리자 켄의 얼굴에서 웃음이 사라졌다. 켄과 아내는 서로에게 소홀했고, 말다툼하고 상대방의 잘못을 찾아내기 바빴다. 아이들은 치고받고 싸우며 점점 반항적이 되어 갔고 학교 성적도 점점 떨어졌다. 설상가상으로 직장생활도 삐걱거리고 있었다. 켄은 자신의 자리가 위태롭다고 생각했고, 매일 적어도 동료 두어 명 이상과 부딪쳤다.

켄은 자신이 어쩌다 그런 꼴이 됐는지 알 수 없었다. 어느 날 문득 정신을 차리고 보니, 그렇게 살고 있는 자신을 발견했을 뿐이었다. 도대체 뭐가 문제일까? 켄은 친구와 가족, 직장 동료들을 하나하나를 떠올리며, 자신이 꽤 많은 사람들과 연결되어 있는 것을 깨달았다.

하지만 그들 중 누구도 켄이 어떤 상태인지 알지 못하는 것 같았다. 심지어 몇몇은 그들의 관계가 삐걱거린다는 사실조차 깨닫지 못하고 있는 것처럼 보였다.

서글펐다. '사는 게 다 그렇지, 뭐.'라며 자포자기해야 할까? 하지만 가슴 한구석에서는 계속 이렇게 엉망진창으로 살 수는 없다는 생각이 들었다. 이러한 삶에서 벗어나 뭔가를 더 이루고, 더 값진 인생을 살고 싶었다. 그러기 위해서는 그 어떤 터닝 포인트가 필요했다.

그러던 어느 토요일 아침이었다. 켄은 아들 제이크의 시즌 첫 축구 경기를 보고 있었다. 맞붙은 상대는 전년도까지 줄곧 제이크의 팀에게 참패를 안겨주었던 팀이었다. 아들의 팀이 매번 완벽한 승리를 거두는 것은 아니었지만, 켄은 늘 아들의 경기를 자랑스럽게 지켜보았다. 그러나 그날은 왠지 경기에 집중하지 못했고, 평소처럼 열광적인 응원도 할 수 없었다. 머릿속에서는 힘들었던 한 주와 일 생각이 계속 맴돌았다.

"잘한다!" "그렇지!" 주위에서 부모들이 응원하는 소리가 점점 커지면서 켄의 생각을 방해했다. 켄은 일 생각에서 빠져나와 다시 경기장을 바라보았다. 동점이었고 제이크의 팀이 상대팀의 패널티 지역 근방에서 공을 잡고 있었다.

켄은 문득 이번 경기에서 아들의 팀이 공을 가지고 있는 시간이 많아졌다는 생각이 들었다. 분명 작년과는 뭔가가 달랐다. 집중력이 돋보였고 코치의 지시도 잘 따랐다. 더욱이 단결력을 발휘하여 팀 플레이를 하는 모습이 이전보다 훨씬 더 강팀답게 느껴졌다. 작년만 해도 아이들은 생각 없이 공만 따라 몰려다니는 단세포동물처럼 보였다. 그런데 지금은 누구도 부정할 수 없을 정도로 날카로운 플레이를 구사하고 있었다.

팀 선수들을 살펴보았지만, 바뀐 것 없이 몇 년 동안 함께 해왔던 동네 아이들 그대로였다. 물론 한 살 더 나이를 먹었다곤 하지만 그건 상대 팀 아이들도 마찬가지였다. 상대 팀을 유심히 살펴보았지만 그 애들 역시 작년과 똑같은 아이들이었다. 그리고 상대팀 코치도 예전의 그 코치였다. 코치는 전에는 한 번도 본 적이 없었던 당혹스러운 표정을 짓고 있었다.

혹시 제이크네 팀에 새로운 코치가 온 건가? 하지만 제이크에게서 새 코치가 왔다고 들은 기억이 없었다. 코치가 늘 자리를 지키고 있던 사이드라인 쪽을 목을 빼고 찬찬히 살펴보니, 분명 전부터 아이들을 지도해왔던 짐 코치였다. 그러나 예전과는 느낌이 달랐다. 짐 코치는 경기장 안의 소년들처럼 흥분해서 경기에 몰입해 있었다. 그에게서 뭔가 특별한 것, 예전에는 없었던 자신감이 느껴졌다.

그때, 머릿속에 남아 있던 일 생각을 한순간에 날려버리는 일이 벌어졌다. 제이크가 패스한 공을 같은 팀의 한 아이가 받아 정확히 골대 안으로 집어넣은 것이다. 골이었다! 켄은 벌떡 일어나서 박수를 치고 다른 부모들과 함께 환호했다.

경기가 끝나자 부모들은 모두 모여서 승리를 축하하고 상대팀 선수들도 격려했다. 환호와 하이파이브, 간식거리들이 오가는 가운데 켄은 짐 코치를 바라봤다. 그리고 코치에게 다가가 손을 뻗어 악수를 청했다.

"코치님, 축하합니다. 그리고 고맙습니다. 제이크의 실력이 정말 많이 좋아졌네요. 다른 아이들도 모두 마찬가지고요. 정말이지 놀라울 정도로 실력이 향상됐어요."

짐 코치는 싱긋 미소 지으며 말했다.

"오늘 정말 대단했죠? 아이들이 그동안 열심히 연습했는데, 오늘 제대로 보여줬네요. 아이들이 참으로 자랑스러워요."

"자랑스럽고말고요!"

켄은 제이크에게로 몸을 돌려 팔을 활짝 벌려 안아주며 말했다.

"잘했어, 우리 아들!"

제이크는 곧 팀 동료와 승리의 기쁨을 나누기 위해 달려갔다.

"비결이 뭡니까, 코치님?"

"아, 안 그래도 왜 안 물어보시나 했습니다. 켄, 당신 얼굴에 궁금해 미칠 것 같다고 다 써 있어요."

"그랬나요? 하하. 코치님이 어떻게 했는지는 정확히 모르겠지만 팀이 몰라보게 좋아졌어요."

"고맙습니다, 아이들이 잘한 거죠."

"아니요, 단지 그것만이 아니에요."

켄은 잠시 동안 코치의 눈을 똑바로 쳐다봤다.

"이런 말이 좀 실례가 될지 모르지만, 아이들뿐만이 아니라 코치님도 달라 보여요."

"실례라니요. 괜찮습니다. 켄, 당신 말이 맞아요. 나는 작년 이맘때와는 완전히 다른 사람이 됐어요."

이번에는 짐이 크게 웃더니 주위를 둘러보았다. 그러고는 사람들에게서 조금 떨어져 있는 나무 아래 벤치를 가리키며 말했다.

"켄, 시간 괜찮으면 잠깐 이야기 좀 할까요? 지난 시즌이 끝난 후 나는 어떤 여행을 다녀왔어요. 내가 여행 중에 배웠던 것에 대해 당신도 관심이 있을 것 같은데……."

궁금해 견딜 수가 없었던 켄은 고개를 끄덕이며 짐 코치를 따라갔다. 도중에 짐은 걸음을 멈추고 팀의 한 소년과 하이파이브를 한 뒤 소년의 부모와 인사를 나눴다. 사람들로부터 떨어져 벤치로 가서 앉자 짐이 자신의 이야기를 시작했다.

"나는 이제까지 그럭저럭 괜찮게 살아왔었죠. 대단하진 않지만 그렇게 끔찍하지도 않고 그저 괜찮은 정도로요. 하지만 항상 내 삶에서 뭔가를 더 할 수도 있을 텐데 하는 생각이 머리에서 떠나지 않았어요. 그러다 저 아이들 생각이 드는 거예요. '이것부터 시작해야겠구나. 이 아이들을 최고의 선수로 한번 만들어봐야겠어.'

그렇게 하기 위해서는 가장 먼저 최고가 되는 방법을 알아야 했죠. 운동 경기로 최고의 선수를 가리는 건 뭐니 뭐니 해도 올림픽이죠. 그래서 난 올림픽에 관심을 갖게 되었어요. 그런데 올림픽 출전 선수들은 다들 너무나 대단해서 그냥 봐서는 우승을 한 최고의 선수와 다른 선수들 사이에 어떤 차이가 있는지 발견할 수가 없더라고요. 어때요, 그 차이가 뭔지 알 수 있겠어요?"

"농담해요? 출발선에 서고 몇 초도 되지 않아 경기가 끝나버리는데 그걸 어떻게 알 수 있겠어요."

"나도 처음엔 뭐부터 찾아봐야 할지 난감했어요. 그러다 TV에서 2006 토리노 동계올림픽 스키 활강 결승전을 봤을 때가 떠올랐어요. 간발의 차이로 순위가 결정되어서 정말 손에 땀을 쥐게 하는 경기였죠. 그 경기의 기록들을 다시 찾아보았더니 금메달과 노메달, 즉 1위와 4위의 차이가 겨우 1.08초로 1위를 한 선수가 세운 기록의 0.9퍼센트에 불과했죠."

켄이 놀라서 휘파람을 불자 짐 코치는 계속 말을 이었다.

"그 사실을 알고 나니 더 연구해 봐야겠다는 생각이 들더군요. 그래서 올림픽 종목들 가운데 속도나 거리, 무게를 측정하는 종목의 기록들을 모두 찾아봤죠. 밤을 새워가며 메달 수상자와 나머지 선수들의 기록 차이도 계산해보았고요. 아내는 그런 날 보며 엄청 짜증을 냈었죠. 그렇지만 그건 내가 발견한 사실을 알기 전까지였어요. 내가 찾아낸 사실을 알려주자 아내 역시 놀라더군요."

켄은 눈을 치켜뜨고는 호기심이 가득한 표정으로 몸을 앞으로 바짝 기울였다.

"켄, 수영이나 트랙 경기, 또는 필드 경기에서 금메달과 4위의 기록 차이는 평균적으로 1퍼센트에 불과했어요. 아, 1퍼센트를 조금

넘는 경우도 가끔은 있었지요. 2002 솔트레이크시티 동계 올림픽 남자 5,000미터 계주 경기에서 캐나다는 6분 51초의 기록으로 금메달을 땄고, 미국은 7분 3초의 기록으로 4위를 했는데 기록 차이는 대략 2.9퍼센트였죠. 왠지 아세요? 두 번째, 세 번째, 네 번째로 들어온 팀들이 모두 중간에 한 번씩 넘어졌기 때문이죠. 그런데 넘어졌음에도 불구하고 금메달과 4위의 기록 차이는 단지 2.9퍼센트밖에 되지 않았어요.

어떤 때는 차이가 1퍼센트도 채 안 될 때도 있었어요. 2008 베이징 올림픽 수영 100미터 남자 접영에서였어요. 마이클 펠프스는 전반에는 뒤처지고 있었죠. 전체 8명의 선수들 중 7위였으니까요. 하지만 후반 50미터에서 놀라운 일이 벌어졌어요. 그는 마지막 전력을 다해 5명의 선수들을 제쳤어요. 선두인 세르비아의 밀로라드 차비치만 남기고 말이죠."

켄은 손에 땀을 쥐게 한 그 아슬아슬했던 순간을 회상하면서 고개를 끄덕였다.

"결승선에 도달했을 때, 차비치가 펠프스를 이긴 듯 보였어요. 하프 스트로크로 터치패드에 손을 뻗던 펠프스조차도 차비치가 이겼다고 생각했죠. 그러나 그 하프 스트로크로 인해 추진력을 얻은 펠프스는 50.58초로 차비치의 50.59초에 정말 간발의 차이로 앞섰어요."

"잠깐만요…… 그러니까……."

켄이 머릿속으로 계산하며 말했다.

"펠프스가 겨우 100분의 1초 차이로 금메달을 차지했다는 얘기 군요?"

"맞아요, 눈 깜빡할 순간보다 더 짧은 찰나의 차이죠. 오직 0.002 퍼센트의 차이로 금메달과 은메달이 가려진 거예요. 그리고 금메달 과 노메달의 차이는 얼마인지 아세요? 그때 펠프스와 네 번째로 들 어온 선수의 기록 차이는 불과 0.15초였어요. 0.33퍼센트쯤 되겠 죠."

들고만 있던 켄은 문득 또 다른 경기가 생각났다.

"혹시 베이징올림픽에서 여자 100미터 허들 경기를 보셨나요? 진짜 대단했는데. 마치 선수들을 하나로 묶어놓은 것처럼 보였죠."

"그 경기도 조사해 봤어요. 1위와 7위의 기록 차이가 정확히 얼 마였는지 아세요? 0.18초였어요. 그러니까 제가 말하고자 하는 핵 심은 이 모든 것의 평균을 내봤더니 뛰어난 선수와 특별히 뛰어난 선수의 차이가 겨우 1퍼센트밖에 안 된다는 거예요."

"1퍼센트요, 정말로 그것밖에 안 된단 말이에요?"

순간 켄은 내면에서 작은 불꽃이 타오르는 것을 느꼈다.

"정말 믿기질 않네요."

켄은 말을 하다 말고 흙투성이에다 옷에 풀물이 잔뜩 든 아이들 을 쳐다보고는 가까스로 웃음을 삼키며 물었다.

"그런데 코치님, 혹시 머지않아 이 애들을 데리고 올림픽에 나갈 생각은 아니시죠?"

"켄, 당신이 앞으로 올림픽에 나갈 일은 없겠죠? 물론 나도 마찬가지일 테고요. 그리고 이 아이들 역시 아마 국가대표가 될 가능성은 그리 높지 않을 거예요. 하지만 최고의 운동선수 혹은 내일의 빌 게이츠, 웨인 그레츠키, 오프라 윈프리, 워런 버핏, 모차르트가 되지는 못할지라도, '과연 그 1퍼센트가 우리에게 어떤 의미를 갖는가?'하는 문제는 생각해 볼 필요가 있어요. 나는 내가 무엇을 하든지 간에 우리 팀이 다른 팀들보다 100퍼센트 더 잘할 거라곤 생각지 않았어요. 하지만 1퍼센트라면? 우리가 수백 가지 것들에서 1퍼센트는 더 잘할 수 있지 않을까 생각했죠."

"정말 의미심장한 말이군요."

켄은 갑자기 올림픽 기록을 분석하며 연구해 온 짐 코치의 노력에 대해 경솔하게 말했던 것이 다소 미안하게 생각되었다.

"켄, 1퍼센트의 비밀을 발견하고 나니 내게 새로운 가능성의 세계가 열렸어요."

수백 가지 일에서 전보다 1퍼센트 더 잘하는 것은 어렵지 않다.

"나는 아이들이 스포츠맨십과 팀워크, 소통, 인내, 공 다루는 기본기와 모든 종류의 생활습관에서 1퍼센트 더 향상되는 것을 목표로 잡고 훈련에 들어갔어요. 그리고 오늘의 경기 결과가 그 방법이

통한다는 것을 증명해주었다고 생각해요. 한번 상상해보세요. 단 1퍼센트만이라도 더 나아지길 원해서 노력한다면 어떤 일이 벌어질지 말이에요."

"사실 잘 모르겠네요, 코치님. 별것 아닌 일도 1퍼센트 더 잘하기 위해서는 엄청나게 노력해야 할 것 같거든요. 그리고 어떤 일을 더 잘하기 위해 끝까지 노력한다 하더라도 정상에 오른다는 보장도 없잖아요. 사람들은 오로지 금메달을 딴 사람만 기억할 뿐이죠, 그렇지 않나요? 아무튼 전 잘 모르겠어요. 때로는 열심히 해도 도저히 기록을 깰 수 없을 것 같은 때도 있죠. 그러면 더 이상 열심히 할 동기도 없는 것 아닌가요."

켄은 한숨을 내쉬었다.

"켄, 그렇다면 또 한 가지 사례를 생각해보죠. 이것 역시 스포츠에 관한 이야기예요."

짐의 말에 켄은 웃으며 대답했다.

"기대해 보죠."

"자, 이제 1990년대 뉴질랜드에서 철인3종경기가 벌어졌을 때로 거슬러 올라가보죠. 그 대회에서는 수영으로 3.9킬로미터, 사이클로 180킬로미터, 마라톤으로 42킬로미터 정도를 지나 결승점에 들어와야 했죠. 보통 철인3종경기는 몇 시간이 아니라 기껏해야 몇 분 차이로 승패가 갈리곤 해요."

"나 같으면 며칠이 걸리겠는데요."

켄이 농담조로 말했다.

"그런데 그 대회에서는 겨우 1초 차이로 승자와 패자가 갈렸어요. 결승선에 가장 먼저 들어온 사람은 핀란드 선수인 파울리 키우루였고, 두 번째로 들어온 사람은 미국 선수인 켄 글라흐였어요. 여기서 정말 흥미로운 것은 2위를 한 켄 글라흐의 반응이었어요. 글라흐는 아직도 그 경기에서 두 번째로 들어온 것을 자신의 선수생활 중에서 자랑스러운 순간으로 여기고 있어요.

내 경험으로 볼 때, 1퍼센트 더 잘하기 위해 노력하는 것과 운동경기의 참가 정신에는 공통점이 있어요. 바로 승패를 초월한다는 것이죠. 1퍼센트 더 잘하기 위해 노력하는 과정에서 중요한 것은 최고가 되는 것이 아니라 어제보다 오늘 조금 더 나아지는 거예요. 그리고 그렇게 된다면, 누구나 승자의 기분을 느낄 수 있지요. 나는 모든 사람이 다 위대해질 수는 없지만 누구든지 지금보다 더 나아질 수 있다고 굳게 믿고 있어요."

모든 사람이 다 위대해질 수는 없지만,
누구든지 지금보다 더 나아질 수 있다.

짐은 켄이 자신의 말을 생각해볼 수 있도록 잠시 쉬었다가 계속 말을 이었다.

"혹시 올림픽 모토가 뭔지 알아요?"

켄이 고개를 흔들자 코치가 대신 답했다.

"Ctius, Altius, Fortius예요."

"음, 나는 라틴어만 들으면 현기증이 나요."

"보다 빨리, 보다 높이, 보다 힘차게라는 뜻이죠. 그러니까 '가장 빨리, 가장 높이, 가장 힘차게'가 아니라고요. '보다 빨리, 보다 높이, 보다 힘차게'라는 것은 매일매일 더 잘하기 위해 노력해야 한다는 뜻 아니겠어요."

켄은 자리에서 일어서더니 벤치 앞을 왔다 갔다 걷기 시작했다. 갑자기 가만히 앉아 있기 힘들 정도로 마음속에서 뭔가가 솟구쳤다. 그의 마음은 자신의 삶에서 1퍼센트 더 나아질 수 있는 부분들을 향해 달려가고 있었다. 갑자기 멈춰 선 켄이 짐을 돌아보며 물었다.

"이것을 직장에서도 적용할 수 있을까요?"

"그야 물론이죠. 당신이 영업사원이든 관리자든 모든 일에서 100퍼센트 더 잘할 수는 없어요. 그렇게 하려다가는 금세 좌절하고 말겠죠. 하지만 당신이 하는 일의 수백 가지 면에서 1퍼센트 더 잘할 수는 있어요. 그리고 우리가 이미 확인했듯이, 1퍼센트는 결코 무시할 수 없는 대단한 차이를 만들어내죠."

"그럼 이것을 모든 일에 다 적용할 수 있는 건가요? 소매업, IT 산업, 금융……."

"물론이죠. 당신의 삶에서 달라지고 싶다고 느끼는 모든 부분들에 적용할 수 있어요. 나는 사람들이 골프 스윙, 색소폰 연주, 다이어트, 몸 만들기…… 심지어 가정생활에서도 이 1퍼센트의 비밀을 적용하는 것을 보아왔어요.”

짐 코치는 켄이 이해하고 있음을 알아차리고 조용히 덧붙였다.

“모든 사람들이 이 1퍼센트의 비밀을 알고 실천하면 삶을 바꿀 수 있어요.”

축구 시합을 보러 왔던 사람들이 점점 자리를 뜨기 시작했다. 주차장에서 차문들이 하나둘 닫히고 시끄럽던 아이들의 소리가 멀어져 갔다. 짐이 말했다.

“우리, 차 있는 곳으로 가면서 좀 더 얘기할까요?”

“그러죠. 그러니까 코치님은 아이들이 1퍼센트 더 나아질 수 있도록 이끌어주신 거군요. 그런데 그게 결코 쉬운 일이 아니었을 텐데 어디서부터 어떻게 시작하셨나요?”

“처음에는 내가 할 수 있는 일이 뭔지, 어떻게 이 일을 해낼 수 있을지 고심하고 또 고심했어요. 그러던 어느 날 친구 한 명과 이야기를 하게 됐죠. 그 친구는 영업담당 중역인데, 영업 올림픽이 열린다면 틀림없이 메달을 딸 그런 친구지요. 나는 그 친구에게 내가 발견한 이론을 설명하고 조언을 구했지요. 그 친구는 자기 분야에서 성공한 사람이었으니까 뭔가 조언을 해줄 수 있을 거라 생각했거든요.”

짐은 잠시 켄의 눈을 바라보았다.

"그 친구가 이렇게 말하더군요. '짐, 이제 때가 된 것 같군.'"

"때라고요?"

켄은 놀란 표정으로 짐을 바라보았다.

"켄, 난 이제 당신에게 아주 소수의 사람들만이 알고 있는 비밀을 말해주려고 해요. 왜냐하면 이제 당신에게도 그때가 온 것 같은 느낌을 받았기 때문이에요."

> 난 이제 당신에게 아주 소수의 사람들만이 알고 있는 비밀을 말해주려고 해요. 왜냐하면 이제 당신에게도 그때가 온 것 같은 느낌을 받았기 때문이에요.

"친구는 내게 탁월한 삶을 살고 있는 사람들을 소개해줬어요. 그들 모두 믿을 수 없을 만큼 대단한 사람들이었지요. 그 사람들을 만난 뒤 나는 깜짝 놀랐어요. 내가 올림픽 기록을 살펴보다가 발견했던 바로 그 1퍼센트의 비밀을 그들이 이미 알고, 실제로 자신의 삶에 적용하고 있었기 때문이죠.

단 1퍼센트가 최고와 나머지들을 가른다는 것을 숫자로 계산해보지는 않았지만 그들은 간발의 차이로 최고와 나머지가 결정된다는 것을 이해하고 있었어요. 그리고 이미 본능과 경험을 통해 자신의 삶을 변화시켜 성공으로 이끄는 방법을 알고 있었지요.

그래서 그 사람들과 만나면서 나는 그토록 궁금해하던 퍼즐의 마지막 조각을 찾은 기분이었어요. 우리는 곧 탁월함을 창조하는 우리의 이 접근 방식에 이름을 붙이기로 했죠. '1퍼센트 해법'이라고 말이에요.

이제 우리 모임에 있는 사람은 모두 여섯 명이에요. 나, 영업담당 중역인 내 친구, 정상급의 물리학자, 심리학자, 사업가, 그리고 놀라지 말아요. 전 올림픽 선수도 있어요. 너무 겁먹을 필요는 없어요, 우리는 정기적으로 만나지도 않고 비밀스러운 일을 벌이지도 않아요. 그냥 같은 생각을 가진 사람들의 모임으로 생각하면 돼요. 우리는 자신의 삶을 변화시키고 싶다는 마음과 도약할 준비가 되어 있는 당신 같은 사람을 찾고 있지요."

"나요? 내게 시간을 내준 것은 고맙지만 난 아직 그럴 생각이……."

켄이 약간 놀라며 말했다. 자신이 이제 막 스스로 깨닫게 된 마음속의 어떤 것을 짐 코치가 간파했다는 생각이 들자 왠지 겸연쩍었다.

"당신이 지금 자신의 모습에서 벗어나 더 나은 삶을 살길 바란다면, 그분들에게 부탁해볼게요. 탁월함을 얻는 비밀을 당신에게도 알려 달라고 말이에요. 물론 그 과정이 결코 쉽지는 않을 거예요. 당신의 오래된 습관과 행동방식, 그리고 당신 자신과 남들에 대해 가졌던 믿음의 일부를 내려놓아야만 하니까요. 솔직히 말해 그 길에는 엄청난 도전이 따를 거예요. 하지만 그런 도전을 통해 당신은 크나큰 흥분과 성취감을 느끼게 될 거예요."

이제 그들 앞에는 몇몇 아이들과 부모들밖에 남지 않았다.

"지금 당장 대답하지 않아도 돼요, 켄. 충분히 생각해보세요."

짐은 이렇게 말한 뒤 다른 사람들 쪽으로 걸음을 옮겼다. 켄도 아들 제이크와 제이크의 친구를 불러 차에 태웠다. 집으로 가는 동안 머릿속이 무척 복잡할 것 같았다.

아이들이 안전벨트를 맸는지 확인한 뒤 켄이 차문을 닫으려고 할 때 짐이 차 옆으로 다가왔다.

켄은 그를 올려다보며 말했다.

"고마워요, 코치님이 내게 생각할 거리를 많이 던져주셨네요."

"그랬나요. 자, 이거 받으세요."

짐은 켄에게 명함을 한 장 내밀었다.

"준비가 되면 전화하세요. 나를 한번 믿어보세요, 정말 대단한 여행이 될 겁니다."

역발상을 통한 동기부여

동기부여를 위한 가장 좋은 방법은 행동하는 것이다

짐 코치에게서 명함을 받은 지 3주가 지난 어느 날, 켄은 차에 올라타면서 흥분을 가라앉힐 수 없었다. 한편으로는 걱정스러운 마음도 없지 않았다. 1퍼센트의 해법을 알려줄 사람을 만나러 가는 길이기 때문이었다. 켄이 만날 사람은 짐 코치가 전에 말했던 영업 올림픽이 실제로 열린다면 금메달을 딸 거라는 바로 그 남자였다.

켄은 그를 만나기 위해 3주나 기다려야 했다. 그런 사람이 바쁘다는 사실은 별로 놀라운 일도 아니었다. 사실 더 일찍 찾아갈 수도 있었지만, 명함을 받은 후 곧 출장을 가야 했다.

켄은 축구 경기가 있던 날 밤, 명함을 침대 옆에 놓고 잠자리에 들었다. 짐 코치의 말이 계속 머릿속에서 맴돌았다. 어떻게 잠이 들었는지 모르겠지만 평소보다 일찍 잠에서 깼을 때는 새벽 여명이 밝아오고 있었다. 눈앞의 모든 것이 훨씬 더 선명하게 보였다. 켄은 자신이 변할 준비가 되어 있다고 확신했다. 삶의 여러 부분에서 1퍼센트 더 나아지는 것이라고 했던가. 그렇다, 그거라면 분명할 수 있을 것이다.

사실 이미 마음속 깊이 꼭 그래야 한다고 간절히 바라고 있었다.

명함을 집어 들고 짐의 번호를 누른 것은 정말 중요한 결정이었다. 켄의 목소리를 들은 짐은 기다렸다는 듯이 유쾌한 목소리로 응대했다.

"잘 지냈어요, 켄? 여행에 합류한 것을 환영합니다. 자, 그러면 이 여행을 떠나기 전에 반드시 지켜야 할 기본 규칙 세 가지를 말해줘야겠네요. 이 규칙들을 잘 지킬 수 있을지 깊이 생각해보세요."

물론 지키기 쉬운 규칙은 아닐 터였다.

"첫째, 아내를 제외하고 어느 누구에게도 당신이 무엇을 하는지 말해선 안 돼요. 만약 주변 사람들이 무슨 일을 하는지 궁금해한다면 레슨을 받는다거나 멘토링 그룹에 들었다는 식으로 말해요. 절대로 그 이상은 안 돼요. 동의할 수 있나요, 켄?"

그다지 어려운 규칙은 아닌 것 같았다.

"네. 그렇게 하겠습니다, 코치님."

"둘째, 반드시 과정을 끝까지 마치겠다고 약속해야만 이 과정을 시작할 수 있어요. 일단 시작하면 1퍼센트의 해법을 알려줄 여섯 멘토를 모두 만나고, 또한 당신이 배운 것을 당신의 삶 속에서 실천하겠다고 서약해야 해요."

두 번째 규칙은 첫 번째 규칙보다 지키기가 더 어려울 것 같았다. 짐은 켄이 망설이고 있음을 알아차리고는 덧붙여 말했다.

"서약을 하고 일단 시작하기만 하면 당신은 분명 바라던 목표에 도달할 수 있어요. 그건 내가 보장하죠. 당신의 성공은 처음에 의도했던 것보다 더욱 빛나고 인생의 다른 영역들에까지 영향을 미치게 될 거예요. 당신의 친구와 가족, 동료, 공동체에까지 말이에요."

"짐, 당신이 그토록 자신 있게 말해주니까 무척 든든하긴 한데, 정말 가능할까요?"

켄은 시작하기도 전에 뭔가 미심쩍어하는 듯한 모습을 보이고 싶지는 않았지만, 이처럼 중대한 문제라면 동의하기 전에 마음에 품고 있는 의문을 모두 털어놓는 것이 좋겠다고 생각했다.

"만일 끝까지 마치지 못하면 어떻게 되죠? 이게 나한테는 전혀 통하지 않을 수도 있잖아요?"

"나는 앞으로 당신이 배우게 될 개념과 방법들이 분명히 효과가 있다는 것을 알고 있기 때문에 절대로 그런 일은 없을 거라고 약속할 수 있어요. 당신이 결단을 내리고 시도해보면 알게 되겠지만 이 방법들은 단순히 어떤 개인의 의견을 근거로 한 것이 아니라, 철저

한 연구와 실험을 바탕으로 한 것이기 때문이죠."

켄은 미심쩍어하는 자신의 반응에도 짐이 전혀 불쾌해하지 않는 것 같아 안심이 됐다. 또한 짐은 억지로 시작하라고 강요하지도 않았다. 이미 그 모든 것을 확신하고 있어 억지로 밀어붙일 필요가 없다고 느끼는 것 같았다.

> 내가 당신에게 약속할 수 있는 이유는, 당신이 결단을 내리고 시도해보면 알게 되겠지만 이 방법들이 단순히 어떤 개인의 의견을 근거로 한 것이 아니라, 철저한 연구와 실험을 바탕으로 한 것이기 때문이에요.

짐은 계속 말을 이었다.

"나는 당신이 해내리라는 것을 알아요. 왜냐하면 지금까지 많은 사람들이 이 방법으로 대단한 일을 해낸 것을 봐왔기 때문이죠."

켄은 깊게 숨을 들이마셨다가 내쉬며 말했다.

"그럼, 나도 그 대열에 합류하게 해주세요."

"자, 그럼 이제 합류한 거예요."

"그런데 잠깐만요, 세 번째 규칙은 뭐죠?"

"세 번째는 과정을 다 마친 뒤에는, 6개월 안에 적어도 한 사람에게 당신이 받았던 것과 동일한 도움을 줘야 한다는 것이에요."

"그렇다면 마지막 멘토를 만난 후 6개월 이내에 내가 배운 것을 가지고 다른 사람들을 도와야 한다는 건가요?"

"그래요, 켄. 그렇게 할 수 있겠어요?"

그 순간 켄은 그의 팀에 배정된 장래가 촉망되는 신입사원이 머릿속에 떠올랐다. 그리고 그의 아들과 딸도 자라서 언젠가는 어른이 될 것이다. 만약 그가 탁월한 삶을 살 수 있는 열쇠를 얻게 된다면 그것을 다른 사람들에게 전해주는 것은 참으로 영광스러운 일일 것이다.

"언제부터 시작할 수 있죠?"

짐은 모임의 다른 사람들에게 켄에 대해 이야기한 뒤, 켄에게 다시 전화해서 영업담당 중역인 카를로스의 전화번호를 알려줬다.

"만나보면 카를로스를 금세 좋아하게 될 거예요. 그는 이 과정을 시작할 수 있게 이끌어주는 데는 더할 나위 없는 사람이지요. 당신은 카를로스 덕분에 정말 한 차원 더 높이 도약할 수 있을 거예요. 그의 주특기는 동기부여인데, 그쪽 분야는 한마디로 타고났어요."

켄은 카를로스와 전화통화를 하며 전해져오는 그의 에너지에 감탄했다. 카를로스는 많은 내용을 단 몇 분만에 쉽게 설명했다. 1퍼센트 해법의 기초를 설명하는 그의 목소리는 열정으로 가득 차 있어, 켄에게도 같은 열정을 전염시켰다.

카를로스의 업무 스케줄이 꽉 차 있었지만, 두 사람이 일정을 비교해보니 그날 저녁 몇 시간 정도 함께 할 수 있었다.

"골프 좋아해요?"

카를로스가 물었다.

사실 켄은 골프 실력이 쑥쑥 늘지 않아 애를 먹고 있는 중이었다. 마치 골프가 그를 거부하는 것 같았다. 요즘에는 중요한 만남이 골프 라운딩으로 이루어지는 경우가 많아, 가끔 골프를 치곤 하지만 막대기로 조그만 흰색 공을 치는 일은 절대로 녹록지가 않았다.

"친다고 하기도 민망할 정도 실력이죠, 카를로스."

"잘됐군요! 그럼 우리 골프연습장에서 만납시다."

카를로스가 자신의 말을 제대로 듣지 못한 걸까? 하지만 켄은 어쩌면 그를 제대로 알아볼 수 있는 기회가 될지도 모른다는 생각이 들었다.

"켄, 처음 만나는 날 빨간 야구모자를 쓰고 갈 테니, 당신도 똑같이 하나 쓰고 오세요. 그럼 서로 못 알아볼 일은 없을 거예요."

"아, 그러죠."

"켄,"

카를로스는 숨을 한번 고르고 나서 다시 따발총처럼 말했다.

"당신을 만날 생각을 하니 몹시 흥분되네요! 그럼 이따 봐요."

켄은 인터넷으로 사진을 검색해서 얼굴을 확인하는 방법이 더 쉽지 않을까 생각했지만, 이 방법으로 만나는 것도 괜찮을 것 같았다. 그는 옆자리에 모자를 던져 넣으며 운전석에 앉았다. 마치 중요한 경기를 앞두고 있는 선수가 된 기분이었다. 약간 긴장은 됐지만 모든 준비는 끝난 것 같았다.

골프연습장에 도착한 켄은 환한 조명등 불빛과 무수한 골프공들이 거대한 그물을 향해서 쏜살같이 날아가는 모습에 잠시 정신이 멍했다. 그는 자세를 가다듬고 골프장 안으로 들어갔다. 굳이 빨간 야구모자 때문이 아니더라도, 연습장 안에 사람이 그다지 많지 않아 카를로스를 곧바로 알아볼 수 있었다.

카를로스는 마치 스윙 기계 같았다. 연습장 안의 어느 누구보다도 엄청난 힘과 빠른 속도로 공을 계속 쳐내고 있었다. 샷을 하는 중간 중간 "그래, 이거야!" 하는 동작을 할 때를 제외하곤 쉬지 않고 골프채를 휘둘러댔다.

쏟아지는 땀을 닦기 위해 잠시 멈췄을 때야 카를로스는 비로소 켄을 알아보았다. 그는 골프채를 내려놓고 얼굴에 함박웃음을 지으며 활기차게 성큼성큼 다가왔다.

"안녕하시오, 내가 카를로스요. 당신이 켄, 맞죠?"

그는 자신감에 충만한 몸짓으로 손을 뻗어 악수를 청했다. 그러고는 곧바로 돌아서서는 켄에게 손짓했다.

"이리 와서 공을 몇 개 쳐봐요. 클럽을 가지고 왔나요? 아, 골프광은 아니군요."

카를로스는 선하게 웃었다.

"상관없어요, 켄. 나와 키와 몸집이 비슷하니까, 그냥 내 클럽을 사용해요."

두 사람은 직업, 대학, 고향, 가족 같은 기초적인 정보들을 서로 주고받으며 공을 치기 시작했다. 카를로스는 골프용품을 만드는 큰 기업의 국제영업 담당 책임자였다. 켄은 처음 몇 번 샷을 하면서 자신의 스윙이 왠지 뻣뻣하고 어색하다는 느낌을 떨칠 수 없었다. 그래서 카를로스에게 골프를 시작한 지 몇 개월 정도밖에 안 됐다고 변명했다.

그러나 카를로스는 괜찮다고 말하며 자기 공을 치면서 간간이 도움이 되는 조언을 해주었다. 그리고 켄의 스윙이 조금이라도 나아진 것 같으면 환호와 박수를 보냈다.

켄은 점점 흐름을 타기 시작해, 공을 치는 재미를 느끼기 시작했다. 특히 공이 처음보다 조금 더 똑바로, 더 멀리 뻗어가면서 들리는 마찰음과 터치감에는 가슴이 뿌듯했다.

더욱이 카를로스가 "나이스 샷." 하고 소리를 칠 때마다 확실하게 동기부여가 되는 것 같았다.

그러나 켄은 서서히 조바심이 나기 시작했다. 카를로스는 이틀 후에 회의 차 출장이 있다고 했다. 빨리 시작하지 않으면 기회가 언제 또 올지 모르는 일이었다.

켄의 시선이 옆 의자 위에 펼쳐 놓은 노트로 향했다. 축구 경기가 있던 날 짐 코치에게 한꺼번에 너무도 많은 것을 들었기 때문에, 켄은 짐에게 전화를 걸어 핵심 내용을 노트에 정리할 수 있도록 다시 한 번 말해 달라고 했다. 그러면서 단순히 받아 적기만 한 것이 아니라, 배운 것을 충실하게 이행하겠다는 각오를 굳건히 하기 위해 맨 위에 '해야 할 일'이라고 적었다. 1퍼센트의 해법을 전해줄 멘토를 만날 때마다 '해야 할 일' 목록을 추가해나갈 계획이었다. 켄은 '오늘 배운 골프 그립 잡는 법은 굳이 안 적어도 되겠지?' 하고 생각하며 혼자 웃음을 지었다.

카를로스는 자신을 바라보는 켄을 쳐다보며 말했다.

"노트에 기록을 하고 있군요, 켄. 그거 참 좋은 방법이에요, 아주 좋아요, 정말이에요. 거기에 뭐라고 썼나요? 한번 읽어봐요."

켄은 소리 내어 읽었다.

1. 뛰는 사람과 나는 사람의 차이점 = 1퍼센트

"전적으로 맞는 말이에요. 또 뭐가 있나요?"

2. 다른 사람들 보다 100퍼센트 더 잘할 순 없지만, 1퍼센트는 더 잘할 수 있다.

켄이 목록을 읽어나가자, 카를로스는 "맞아요. 계속하세요, 듣고 있어요." 하고 말했다. 카를로스는 말하는 중에도 공을 티에 올려 놓고 샷을 날렸다.

3. 언제나 승리할 순 없지만, 어제 했던 것보다 오늘 더 잘했다면 승자의 마음을 가질 수 있다.

4. 누구나 최고가 될 수는 없다. 그러나 우리 모두는 지금의 자신보다 더 나아질 수는 있다.

5. '가장 빠르게, 가장 높게, 가장 힘차게'가 아니라 '보다 빠르게, 보다 높이, 보다 힘차게'를 목표로 삼아라.

카를로스의 반응이 없어서 듣고 있기나 한 건지 궁금해지려는 순간, 카를로스가 고개를 돌려 켄의 얼굴을 쳐다봤다. 얼굴 한가득 미소를 띠고 있었다.

"모든 걸 완벽하게 옮겨 적었군요! 그럼, 이제 내가 이야기할 차례네요."

카를로스는 타월로 손을 닦고 앉으며 켄에게도 앉으라고 손짓했다. 순간 켄은 카를로스가 달라 보여 저렇게 정적인 모습이 있었나 싶은 생각이 들었다.

"켄, 방금 당신이 말했던 점들이 탁월한 삶을 살기 위한 핵심 요소라는 것은 알고 있겠죠?"

"네, 그렇고말고요."

켄은 그가 무슨 말을 하려고 그러는지 의아했지만 단호하게 말했다.

"그럼 이제 당신의 삶에서 1퍼센트 더 나아질 수 있는 부분이 뭐가 있는지 한번 떠올려봐요."

켄은 잠시 드라이빙 레인지를 응시하면서 자신이 직장에서 하루하루를 어떻게 보내고 있는지를 생각해보았다. 그랬다, 확실히 좀 더 발전할 수 있는 것들이 많았다. 그것들은 선을 긋듯이 완벽하게 구분되는 것들이 아니었다. 서로 연결되어 있어 그중 한 가지가 나아진다면 다른 부분에도 영향을 미칠 것이고, 그 결과는 상당히 놀라울 것이었다. 생각은 꼬리에 꼬리를 물고 이어져 가족에 대한 생각으로 옮겨갔다. 지금껏 자신이 아내와 아이들에게 어떻게 해왔는지, 건강관리는 어떻게 해왔는지, 이런저런 생각을 하다 보니 지금보다 더 나아질 수 있는 수많은 것들이 생각나기 시작했다.

"네, 제 일상에서 좀 더 나아질 수 있겠다 싶은 부분들을 찾았어요."

"좋아요, 그럼 한번 행동으로 옮겨보는 게 어때요?"

켄은 그 말에 살짝 화가 났다. 뭐라고 대답해야 할지 난감했다.

"켄, 지금 당장 시작하는 데 방해가 되는 게 있나요?"

켄은 빨간 야구모자를 벗고는 발끝을 내려다보며 풀이 죽은 목소리로 말했다.

"솔직히 말하자면 변하고 싶은 마음은 있지만, 행동으로 옮길 만한 계기, 그러니까 충분한 동기가 없는 것 같아요. 일단 동기가 생기기만 하면 해나갈 수 있을 것 같은데……. 동기를 찾는다는 게 힘들다는 사실을 요즘에야 알게 됐습니다. 동기부여가 충분히 되지 않기 때문에 더 많은 것을 이뤄내지 못한 것 같아요."

"그리고 당신이 충분히 이뤄내지 못했기 때문에 더더욱 동기부여가 되지 않았겠죠?"

켄은 날카로운 눈으로 카를로스를 올려다보았다.

"맞습니다! 카를로스, 그게 정확한 말일 겁니다."

켄은 잠깐 생각하다가 천천히 모자를 다시 쓰며 말을 이었다.

"제 행동 하나하나가 부하직원과 직장 사람들, 그리고 가족과 주변 사람들에게 많은 영향을 주는 것 같아요. 그래서 제가 달라진다면 그들도 달라지겠죠. 하지만 제 자신을 바꿀 만한 행동을 하기 위한 동기가 충분하지 않은 것 같아요. 어떻게 동기부여를 해야 할지도 솔직히 잘 모르겠고요."

카를로스는 켄의 말을 듣고 크게 웃었고, 심지어 손바닥으로 허벅지를 치기까지 했다. 자신의 목소리에 간절함이 담겨있는 것을 카를로스가 알아차리지 못한 걸까? 켄은 모욕감을 느꼈어야 마땅하다고 생각했지만 이 사나이가 하는 모든 행동에 마치 전염이나 된 듯이 한참 후에는 자신도 모르게 입가가 올라가며 미소를 짓고 있었다.

잠시 후 카를로스는 웃음을 진정한 뒤, 자리에서 일어나 켄의 손에서 노트와 펜을 가져갔다.

"동기를 얻기 위한 방법을 찾고 있다고 했죠? 더 많은 일을 해낼 수 있기 위해서 말이에요. 그렇죠?"

켄이 고개를 끄덕였다.

"알았어요, 우선 당신이 말한 내용을 한번 적어봅시다."

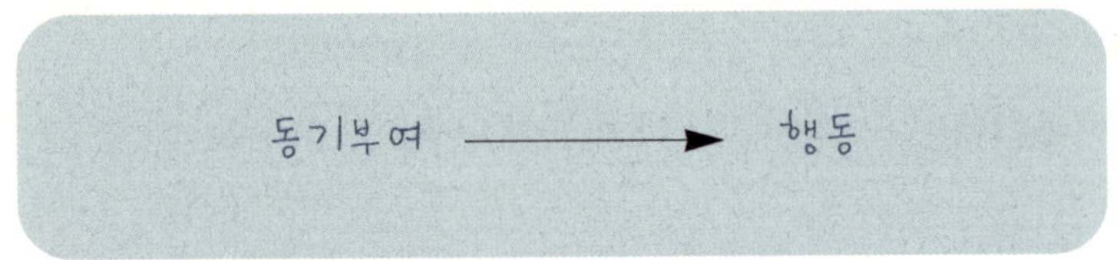

"당신은 만약 동기가 생기면 더 많은 것을 할 수 있을 거라고 말했어요. 달리 말해서, 동기부여가 행동을 이끌어내는 거지요."

카를로스는 '동기부여' 단어를 짚은 뒤 손가락으로 화살표 방향을 따라갔다.

"맞습니다."

"그런데 과연 이게 유일한 방법일까요?"

켄은 카를로스가 그린 화살표를 응시했다. 너무 명백한 사실이라 다른 가능성은 머리에 떠오르지 않았다.

"이제 일어나서 저기로 가서 티 위에다가 공을 올려놓고 방금 전에 잡았던 골프채를 들어보세요."

켄은 너무나 뜬금없어서 따지거나 질문할 엄두조차 내지 못하고 카를로스가 말한 대로 했다.

"잘했어요, 켄. 맨 처음 그곳에 섰을 때 느낌이 어땠어요?"

"정말 어색했죠. 골프에 소질이 없어선지 무척 불편했습니다."

"공을 몇 번 쳐보고 나서 조금 나아지니까 지금 기분은 어때요?"

"지금요? 글쎄요, 공을 더 치고 싶은데요. 최소한 공에 대한 부담감은 조금 줄어든 것 같아요."

켄은 빙그레 웃으며 골프채를 휘둘렀다. 이제 정말로 공을 치고 싶었다. 켄이 돌아와 자리에 앉자 카를로스가 말했다.

"그럼, 이제 또 다른 가능성이 있다는 걸 알겠나요? 이 화살표가 다른 방향으로 향할 수도 있다는 것을 말이에요."

카를로스는 종이 위에 또 다른 화살표를 그렸다.

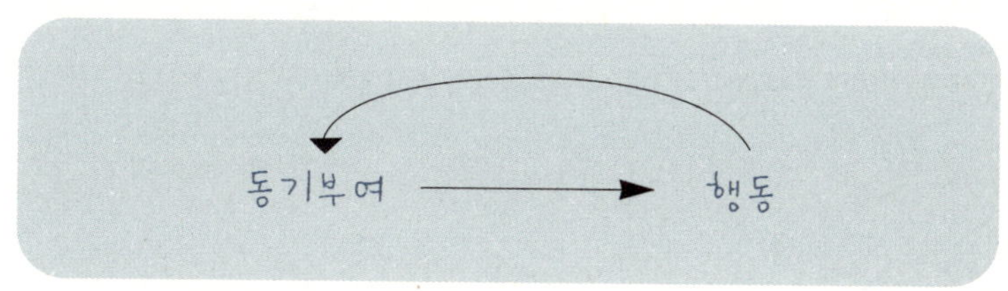

"아마도 당신이 행동하면 할수록 동기는 더 샘솟게 될 거예요. 행동이 반복될수록 동기도 커지는 법이죠."

"골프 스윙처럼요."

카를로스는 손뼉을 쳤다.

"맞아요, 골프 스윙을 할 때와 같아요."

그제야 켄은 왜 짐이 카를로스를 동기부여의 대가라고 했는지 이해가 되었다.

"알겠죠? 켄, 동기가 행동을 유발한다는 당신 말은 전적으로 옳아요. 동기가 생기면, 그것이 무엇이든 행동으로 이어지죠. 하지만 그 반대 경우도 있다는 것을 많은 사람들이 잊고 있어요. 무언가를 이룸으로써 동기가 생길 수도 있는 거예요. 내가 당신에게 하고 싶은 말은 바로, 당신이 더 많은 것을 할수록 더 많은 동기가 생겨난다는 거예요. 그러면 당신은 다시 더 많은 것을 할 수 있게 되고, 더욱 크게 동기부여가 될 거예요. 한마디로 서로 상승작용을 일으키는 순환 사이클이라고 할 수 있어요."

켄은 자신이 무언가를 성취했을 때 가장 큰 동기가 생겼던 것을 기억해내고는 갑자기 커다란 에너지가 솟아오르는 것을 느꼈다.

"그러고 보니 어릴 적에 수영을 배울 때가 생각나네요. 난 그때 수영을 하고 싶은 생각이 전혀 없었어요. 하지만 부모님의 강요로 거의 물속에서 살다시피 하면서 강습을 받았죠. 열정도 없고 하고 싶은 의욕조차 전혀 없었는데 말이에요. 하지만 어쨌든 수영을 하게 됐죠. 몇 가지 기본적인 기술들을 익히고 자연스럽게 물에 뜨게 되자 수영이 좋아지기 시작했어요. 심지어는 부모님에게 다른 강습을 더 받을 수 있게 해달라고 조르기까지 했어요. 나중에는 수영 팀에도 들어갈 정도로 실력이 향상되었고 완벽한 스트로크까지 구사하게 되었어요. 그리고 경기에 나가 우승 트로피까지 받아서 아직도 잘 간직하고 있습니다."

켄이 기억을 음미하면서 말했다.

"카를로스, 이것이 바로 동기를 만드는 가장 좋은 방법은 더 많이 행동하는 거라는 말의 의미를 잘 보여주는 거겠죠?"

당신이 더 많은 것을 할수록 더 많은 동기가 생겨날 거예요.
그러면 당신은 더 많은 것을 할 수 있게 되고, 더욱 크게 동기
부여가 될 거예요. 한마디로 서로 상승작용을 일으키는 순환
사이클이라고 할 수 있어요.

"정확해요!"
켄은 그토록 간단한 것이었다는데 말문이 막혔다.
이렇게 간단한 것을 왜 지금까지 깨닫지 못했을까? 왜 다른 사
람들도 그런 사실을 잘 깨닫지 못하는 걸까? 어쩌면 '행동이 동기
를 만든다'는 말은 카를로스에게만 적용되는 것은 아닐까. 카를로
스를 한번 보라, 그는 굉장한 에너지의 소유자이다. 틀림없이 동기
부여 따위는 그에게 전혀 문제가 되지 않을 것이다. 그에게는 마치
물이 샘솟는 것처럼 자연스럽게 끊임없이 동기가 분출되는 것 같
았다.
"하지만 카를로스, 사람마다 다른 것 아닐까요? 가만 보면 어떤
사람들은 보통 사람들보다 더 동기를 쉽게 찾는 것 같아요."
"켄, 모든 사람이 이 방법을 통해 달라질 수 있어요, 그걸 믿어요."
카를로스가 켄의 눈을 응시했다. 그리고 갑자기 더 낮은 목소리
로 말을 이었다.

"내 얘길 좀 하죠. 내가 젊어서 회사 일을 시작한 지 아직 얼마 안 됐을 때, 나는 사람들 앞에서 말하는 것을 아주 싫어했어요. 그래서 될 수 있는 한 사람들 앞에서 말하는 것을 피하려고 했죠."

"당신이 말이에요?"

켄이 되물었다. 매년 수천 명의 사람들 앞에서 프레젠테이션을 하는 그에게도 그런 때가 있었다는 게 상상하기조차 힘들었다.

"업무상 프레젠테이션을 해야 할 때가 되면, 나는 제발 다른 동료가 자원해서 해주길 기도하곤 했죠. 그러다 어느 날, 소수의 신입 영업사원들을 위한 교육 과정에 참여하기로 마음먹었어요."

"그래서 어떻게 됐나요?"

"어떻게 됐을 것 같아요? 난 그 과정에서 수석을 했어요! 물론 그게 그리 대단한 과정은 아니었지만 그 과정을 성공적으로 마쳤다는 성취감은 결국 내게 자신감을 주었지요. 그것이 내가 더 많은 프레젠테이션을 할 수 있도록 동기를 부여해줬던 거죠. 나는 점점 더 내가 할 수 있는 일의 한계를 넓혀갔어요. 그리고 마침내 수백 명, 수천 명 앞에서 당당하게 설 수 있게 되었지요.

켄, 잘 생각해봐요. 진짜 중요한 질문은 이거에요. 어디서부터 시작할 것인가? 그 해답은 바로 당신이 아무리 작은 일이라도 일단 시작해서 해내면 성취감을 느끼고 동기를 갖게 된다는 거예요. 그리고 동기가 샘솟으면 더 많은 것을 할 수 있게 되고, 그러면 다시 동기가 샘솟고 그다음엔 더 많은 것을……."

아무리 작은 일이라도 일단 시작해서 해내면 성취감을 느끼
고 동기를 갖게 돼요.

"더 많은 것을 해낼 수 있겠죠…… 그리고 또 동기가 샘솟고요."
켄이 이어 말했다.

"시작한 지 얼마 되지 않았지만, 이 과정이 참으로 마음에 들어
요. 이제 1퍼센트 더 나아질 수 있는 아주 많은 길이 보이는 것 같
군요."

카를로스는 켄과 하이파이브를 한 뒤 말했다.

"잠깐, 생각해야 할 게 또 있어요. 나는 이것을 목표의 명확성이
라고 부르지요. 행동을 시작하기 전에 당신이 원하는 것과 원하지
않는 것을 명확히 구분하세요. 동기와 행동의 상관관계를 잘 활용
한다면 당신은 더욱 많을 것을 할 수 있도록 매우 효과적으로 동기
를 북돋울 수 있어요. 하지만 만약 전체적인 목표를 달성하는 데 아
무런 도움도 되지 않는 일에 동기를 유발시키고 있다면 그것은 단
지 엔진을 공회전시키는 것에 불과할 뿐이에요."

"그러니까 동기를 샘솟게 하는 어떤 행동을 하기 전에 그 행동이
내가 바라는 목표와 부합하는 일인지 잘 알아야 한다는 건가요?"

"그래요! 만약 당신의 목표가 더 나은 영업사원이 되는 거라고
생각해봅시다. 그러면 테니스 서브를 연습하는 건 그 목표에 그다
지 도움이 되지 않겠죠. 그 대신 영업 계획을 더 잘 세우는 일, 영업

할 올바른 대상을 선정하는 일, 고객들의 구매 심리를 파악하는 일에 집중해야 해요.

그래서 이때 따져봐야 할 중요한 것이 두 가지 있어요. 첫 번째는 자신이 하려는 행동이 목표와 관련이 있는 행동인가 그 관계를 따져보는 연관성이에요. 그리고 두 번째는 당신이 목표에 부합하는 행동을 하고 있다고 확신한다면, 그것을 효율적으로 할 수 있는가를 보는 효율성이에요. 이건 정말 중요한 문제예요. 때때로 사람들은 하지 않아도 될 일에 많은 시간을 투자하는 경우가 있지요. 그건 한마디로 밑 빠진 독에 물 붓기 아닌가요?"

"그럼요."

켄은 열심히 노트에 적으며 대답했다.

목표를 이루는 데 아무런 도움이 되지 않는 일을 잘해봤자 밑 빠진 독에 물 붓기다.

"켄, 당신이 꼭 해주었으면 하는 것이 있어요."

카를로스의 말에 켄은 고개를 들어 그를 쳐다보았다.

"내 말을 듣고 한 귀로 흘리지 말고 직접 행동으로 옮겨보고 정말 도움이 되는지 확인해보는 거예요. 당신이 하는 일 중에서 당신의 목표를 이루는 데도 도움이 되고, 더 잘할 수 있다고 생각되는 일이 있나요? 그런 일을 한 가지만 머릿속에 떠올려봐요. 뭐, 그렇게 대단한 일일 필요는 없어요. 이건 단지 시작일 뿐이니까."

"예, 한 가지 있어요."

"그 일을 내일 당장 시도해볼 수 있나요?"

켄은 잠시 동안 생각한 뒤 말했다.

"네, 그럴 수 있어요."

"그리고 그 다음 날도요?"

"네."

"좋아요, 그러면 한 달간은 어때요? 지금 이 순간 내가 당신에게 원하는 것은 그게 다에요."

"더 잘할 수 있다고 생각되는 일 한 가지를 한 달 동안 시도해보라는 건가요? 그렇게 작은 것에서부터 시작하기를 원하신다는 거죠?"

"바로 그거예요."

켄은 내일 시작하게 될 일을 이미 마음속으로 생각하며 자신의 삶에 새로운 동기가 샘솟기를 간절히 기대하고 있었다.

카를로스와 만난 뒤, 켄은 약속했던 대로 마음속으로 정한 한 가지 일을 매일매일 지속적으로 해나갔다. 그 일을 한다는 게 낯설게 느껴지기도 했지만 계속 노력했다. 열흘 후, 켄은 그 일이 자신에게 얼마나 큰 성취감을 가져다주는지를 느끼고는 놀라지 않을 수 없었다. 그리고 성취감이 생기면서 동기 또한 샘솟았다. 켄은 자주 노트를 꺼내 카를로스가 그려준 표를 봤다.

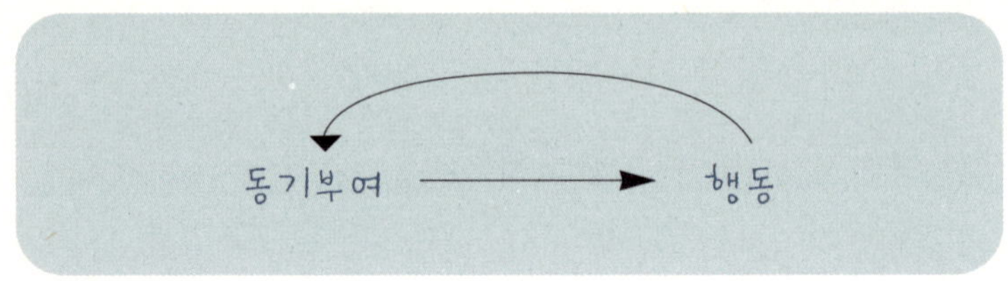

표를 볼 때마다 그 단순한 도식이 갖고 있는 강력한 힘에 놀랐다. 단지 어떤 행동을 시작했을 뿐인데, 그 효과는 경이로울 정도였다.

켄이 기쁜 마음에 연락했을 때 카를로스는 처음 만났을 때처럼 활기에 넘쳤다. 그러나 곧 이어 차분한 음성으로 말했다.

"잘했어요. 첫 단추를 잘 끼웠으니 이대로만 계속하면 되겠어요. 이제 다음 단계로 들어가보죠."

3

지렛대 효과

작은 변화가 엄청난 결과를 만들어낸다

켄은 차를 타고 도시 외곽에 있는 언덕을 따라 구불구불한 길을 올라갔다. 다음 멘토를 만나러 가는 길이었다. 시간이 흐를수록 길가에 크고 푸른 나무들이 더 많아졌고, 집들이 점점 더 뜸하게 보였다. 켄은 창문들을 내리고 상쾌하고 시원한 공기를 가슴 깊이 들이마셨다. 신선한 공기가 마음을 진정시켜 다음 멘토를 만날 마음의 준비를 하는 데 도움을 주었다.

이번 멘토인 팻은 물리학 교수였다. 팻은 켄에게 자신의 연구소 홈페이지 주소를 미리 알려주었다. 켄은 팻에 대한 정보를 찾아보고는 만나기도 전에 그녀에게 경외감을 갖게 됐다. 그녀는 온갖 종류의 상들을 수상했고 몇 가지 상당히 놀라운 업적들을 이루어냈다. 심지어 그녀의 이름을 딴 이론도 있었다.

도시가 내려다보이는 언덕 꼭대기에 자리한 팻의 집 앞에 차를 세우면서 켄은 그녀가 제발 마지막에 어려운 시험 문제를 내지 않기를 바라고 있었다.

팻은 활짝 웃으며 문을 열어주었다. 래브라도 두 마리가 꼬리를 흔들며 뛰쳐나왔다. 집 안 가득한 커피 향기가 그를 환영하는 듯했다. 켄은 팻의 차림새를 보고 조금 놀랐다. 팻은 켄이 놀라는 이유를 알아차린 듯 웃으며 말했다.

"제 옷차림이 좀 이상한가요?"

"아, 아니, 그게 아니라……."

켄은 이날 팻이 집에서 일한다는 것을 알고 있었기 때문에 일이 끝나고 이곳으로 올 때 청바지와 티셔츠로 갈아입었었다. 켄 역시 만약 집에서 일을 했었다면, 청바지만 입고 있었을 것이다. 팻도 편안한 티셔츠에 청바지차림이었다. 하지만 이상하게도 사무실에서 일할 때처럼 하이힐을 신고 있었다.

팻은 큰 소리로 웃으며 켄을 부엌으로 안내했다. 팻이 걸을 때마다 또각또각 하이힐 소리가 났다.

"궁금해도 조금만 참으세요. 나중에 다 설명해 드릴게요!"

팻은 명랑하게 말했다. 켄은 어깨를 으쓱하고는 빙그레 웃었다. 만약 어떤 물질이나 시간, 공간에 대한 비밀을 푸는 데 도움이 된다면 맘에 드는 어떤 옷을 입거나 신발을 신어도 상관없겠지, 하고 그는 짐작했다.

팻이 켄에게 커피를 따라주었다. 그리고 훌륭한 선생님이 복습을 중요시하듯, 켄이 이전 시간에 배웠던 모든 것들에 지대한 관심을 보였다.

"음, 난 그동안 내가 동기가 부족해서 무언가를 이루지 못하는 줄 알았어요. 하지만 카를로스는 다른 방식으로 생각하는 법을 가르쳐주었죠."

켄은 노트를 활짝 펼쳐서 카를로스가 그려준 도표를 팻에게 보여주었다.

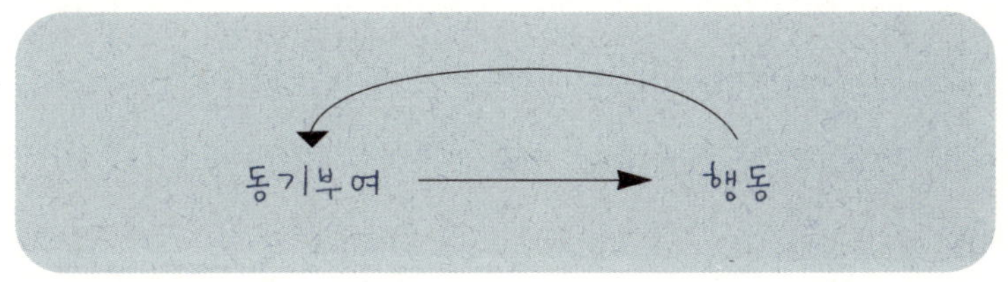

팻은 고개를 끄덕이며 계속 말하라고 격려해주었고, 켄은 동기와 행동의 관계에 관한 핵심 내용을 읽어나갔다.

1. 동기를 부여하는 가장 좋은 방법은 행동하는 것이다.

2. 행동할수록 동기는 더 커진다.

3. 아무리 작은 일이라도 행동을 시작하는 것이 중요하다.

4. 행동할 때는 목표를 명확히 해야 한다.

5. 나의 목표를 성취할 수 있도록 돕는 행동들을 선택하고(연관성), 그 행동들을 효율적으로 해나가야 한다(효율성).

팻의 얼굴에서 웃음이 피어나는가 싶더니, 어느 순간 그녀의 눈이 초점을 잃어 멍해 보였다. 그 순간 켄은 팻이 다른 생각을 하고 있음을 알아차렸다. 뭔가 좋은 생각이 떠오른 걸까?

"잠깐, 따라와 보세요, 켄!"

팻은 복도를 지나다 잠깐 멈춰 숙제를 하고 있는 자신의 두 아이를 소개했다. 팻의 사무실로 가고 있다고 생각했던 켄은 복도 끝에 있는 놀이방에 이르게 되자 다소 놀랐다. 그곳에는 장난감들과 운동기구들이 놓여 있었고 에어 하키 테이블도 있었다.

"에어 하키, 많이 해봤나요, 켄?"

켄의 표정을 보고 무슨 대답이 나올지 미리 알고 있으면서도 팻이 물었다.

"예전에는 시도 때도 없이 했지요. 당신과 같은 엄마를 두어서 아이들은 정말 행복하겠어요."

켄은 참지 못하고 패들을 하나 집어 들었다.

퍽은 테이블의 중간에 놓여 있었다.

"켄, 저기에 놓여 있는 퍽이 바로 당신이라고 상상해봐요. 당신은 지금 동기가 없는 상태에요. 아무것도 시작하지 못하죠. 당신은 그곳에 갇혀 꼼짝 못하고 있어요."

"어떤 느낌일지 알겠어요."

"당신에게 무슨 일이 벌어질까요?"

"글쎄요, 결국 아무것도 하지 못하고, 영원히 같은 자리에 머물러 있을 것 같은데요."

켄의 목소리가 가라앉았다.

"아니면……."

켄이 몸을 일으켜서 테이블에 몸을 기대고 패들로 퍽을 치자 퍽이 움직였다.

"바로 그거예요!"

퍽이 날아오자 팻은 패들을 집어 들고 가볍게 맞받아 쳤다.

"이제 당신은 움직이고 있어요!"

팻은 에어제트를 켰고 두 사람은 가볍게 퍽을 왔다 갔다 주고받기 시작했다.

"방금 우리가 물리학의 기본 법칙 중 하나를 본 거 알아요? 정확히 말하면, 아이작 뉴턴의 운동 제1법칙이죠."

"뉴턴의 제1 뭐라고요?"

팻이 자신의 분야에서 최고라는 것을 알고 있었기 때문에 켄은 그녀가 탁월한 삶을 살아갈 수 있는 비결을 가르쳐줄 거라고 기대하고 있었다. 그런데 뜬금없이 물리학 강의라니?

"1퍼센트 해법의 핵심 요소는 바로 이 운동의 법칙이에요. 뉴턴이 처음 발견했죠."

켄이 집중해서 듣고 있음을 확인한 뒤 팻은 그 법칙에 대해서 계속 설명했다.

"외부에서 힘이 가해지지 않는 한, 모든 물체는 자기 상태를 그대로 유지하려 한다. 즉, 정지한 물체는 계속해서 정지해 있고 움직이는 물체는 계속 움직인다."

"그러니까 어떤 힘이 가해지지 않는 한, 정지해 있는 퍽은 계속 정지해 있을 것이고, 움직이는 퍽은 계속 움직일 거라는 말인가요?"

팻이 고개를 끄덕였다. 켄은 곧 자신만의 생각에 빠져들더니 뭔가를 깨달은 듯 외쳤다.

"바로 이거였어요. 내가 항상 내 삶에 만족하지 못하는 이유. 난 항상 뭔가 아쉬움을 느끼면서도, 주위에서 무슨 일이 생기기 전까진 그걸 바꿀 생각을 못 했어요."

"바로 그거에요, 켄. 당신은 아마 익숙한 틀에 갇혀 있었을지도 몰라요. 하지만 어떤 외부 환경 요인, 예를 들어 경제적 상황, 질병, 가족들의 삶의 변화 등이 작용하게 되면 그 힘이 무엇이든지 간에 그것이 당신을 행동하게 만들죠. 당신이 이 하키 퍽을 쳐서 움직이게 한 것처럼 말이에요."

켄이 그 의미를 곰곰이 생각하는 동안, 팻은 퍽을 쳐서 켄 앞에 있는 골대 안으로 정확하게 골인시켰다. 켄은 퍽을 집어서 제자리에 놓고 다시 게임을 시작하면서 말했다.

"주위에서 강요할 때까지 마냥 기다리면, 나는 결국 내가 진정으로 하고 싶었던 것을 하지 못하고 그저 살기 위해 어쩔 수 없이 해야만 하는 일들을 하게 되겠죠."

"자, 여기 그걸 바꿀 수 있는 방법이 있어요, 켄. 당신은 무생물인 퍽이 아니라 의지를 가진 인간이에요. 그러니 당신은 주위에서 행동하라고 강요할 때까지 기다릴 필요가 없어요. 카를로스가 제안했던 것처럼 할 수 있어요. 당신의 삶이 더 나아질 수 있도록 어떤 한 가지 행동을 시작하는 거예요. 일단 당신 스스로 움직이면 뉴턴의 법칙이 작용해 당신은 계속해서 움직일 수 있어요."

일단 당신 스스로 움직이면 뉴턴의 법칙이 작용해 당신은 계속해서 움직일 수 있어요.

"잠깐만요, 그게 사실이라면, 왜 퍽이 계속 움직이지 않고 결국엔 테이블 위에서 멈추게 되는 건가요? 만약 움직이는 것은 계속해서 움직인다면, 누군가 퍽을 치고 나면 계속해서 테이블 위를 사방으로 튕겨 다녀야 하잖아요."

"켄, 언제 내 수업을 한번 들어보지 않을래요?"

팻은 눈동자를 반짝이며 말했다. 날카로운 켄의 질문을 들으며 팻은 켄을 학생으로 한번 가르쳐보고 싶은 마음이 들었다. 팻은 에

어제트를 끄고 손으로 퍽을 아주 부드럽게 밀었다. 두 사람은 퍽의 속도가 서서히 느려지면서 테이블의 가운데서 멈춰 서는 것을 지켜보았다. 켄은 마치 '이것 보세요!' 라고 말하듯이 조금은 의기양양한 시선으로 팻을 쳐다보았다.

"마찰력 때문이에요. 에어제트는 마찰력을 줄여주죠. 이제 에어제트를 껐으니 퍽에 사실상 한 가지 힘만 작용하고 있어요."

"하지만 그 힘은 눈에 보이지 않죠. 그리고 심지어 에어제트가 작동하고 있다 해도, 여전히 조금의 마찰력은 남아 있어서 퍽을 계속 치지 않으면 결국 멈추고 말겠군요."

켄이 천천히 말했다.

"맞아요, 켄. 그리고 어떤 힘이 물체를 멈추게 한다면, 그 물체는 다른 힘이 가해지지 않는 한 계속 그 자리에 멈춰 있으려 할 거예요. 그게 뉴턴이 말한 관성의 법칙이죠. 관성은 탁월한 삶을 살아가길 원하는 사람들의 적이에요. 관성은 당신이 움직이지 못하도록, 앞으로 나아가지 못하도록 막죠. 그러니까 동기부여와 행동의 표에서도 알 수 있듯, 행동을 시작한다는 것은 그만큼 중요한 거예요."

"한쪽 발을 앞으로 내딛기만 하면 나 스스로 움직일 수 있죠."

켄은 이제 완전히 이해했다는 듯이 말했다.

"그래요. 일단 움직이기 시작하면, 당신을 붙잡는 최초의 관성을 극복한 거예요. 관성을 극복하는 지점에서 당신이 만들어낸 운동량은 비로소 당신을 앞으로 나아가게 할 거예요. 그리고 올바른 방향을 향하고 있는 한 당신은 전진하게 될 거예요."

"외부의 힘이 나를 멈추게 하지 않는 한 말이죠."

"그렇죠. 또다시 외부 환경 요인들이 작용할 거예요. 때로는 그것들을 통제할 수 없을지도 몰라요. 하지만 매 순간마다 이 법칙을 떠올린다면, 당신은 언제나 자신을 움직일 수 있고 매일 목표를 향해 1퍼센트씩 나아갈 수 있어요."

팻이 에어제트를 다시 켜고 패들을 집어 들면서 빙그레 웃었다.

"잠깐 게임하면서 머리 좀 식혔다 다시 이야기할까요?"

숙제를 마친 팻의 아이들이 에어 하키를 하고 싶다고 왔다. 켄은 팻을 따라 그녀의 사무실로 자리를 옮겼다. 사무실 벽은 대부분 유리로 되어 있어, 마치 키 큰 초록 나무들과 커다란 푸른 하늘에 둘러싸인 것 같았다.

"팻, 당신 말을 듣고 나니 앞으로 내가 발전할 가능성이 무한한 것처럼 느껴지네요. 하지만 카를로스는 내게 거창한 행동이 아닌 그저 작은 행동 하나를 정해서 해보라고 강조했어요. 그런데 내가 그 행동을 시작하니까, 가족과 회사동료들이 갑자기 나를 다른 행성에서 온 사람처럼 보더라고요. 지금도 이런데 내가 아주 작은 변화라도 만들어 낼 수 있다면, 어떤 일이 벌어질까요? 그게 정말 의미 있는 변화가 될 수 있을까요?"

"그럼요, 켄, 그렇고말고요. 그건 내가 보장해요. 내 이야기 한번 들어볼래요. 내가 다니던 연구소에서 재택근무를 허용하기로 결정했을 때, 나는 집에서 일할 수 있다는 생각에 뛸 듯이 기뻤어요. 내가 정말로 바라던 일이었죠. 출퇴근에 한 시간씩 걸렸으니까요. 일주일에 며칠은 집에서 일하는 편이 더 집중할 수 있고 훨씬 더 생산적일 거라고 생각했어요.

그런데 막상 해보니 생각대로 되지 않았어요. 적어도 처음에는요. 그래서 나는 먼저 해야 할 집안일들을 모두 찾아내기 시작했어요. 업무는 일단 모두 미뤄놓고 필요하면 저녁에 할 수 있다고 생각했죠. 일주일이 지나고 나서 보니까 내가 끝내야 할 일들을 딱 반밖에 하지 못했더라고요. 결국 나는 마치 리포트를 제출해야 하는 학생처럼 밤을 꼬박 새워야 했죠. 정말 엄청난 스트레스였어요. 하지만 전환점은 이렇게 다가왔지요."

팻은 발을 옆으로 젖혀 구두 뒤꿈치를 붙여 소리를 내면서 말했다.

"하루는 언니가 이 구두를 주며 일할 때 신으라고 했어요. 그날의 업무를 시작할 때 구두를 신고 업무를 끝냈을 때 구두를 벗으라고요. 그런데 이 구두가 놀라운 기적을 일으켰어요. 일단 구두를 신으면 양심에 찔려서 업무 이외에 다른 것을 할 수가 없었어요. 덕분에 이제는 밤을 꼬박 새지 않아도 되었죠. 그리고 매일 사무실로 출근을 했을 때보다 더 효율적으로 많은 일을 처리할 수 있게 되었어요."

"하이힐만 신었을 뿐인데 정말 큰 변화가 생겼군요! 그 이야기를 들으니까 빵집과 카페를 운영하고 있는 사촌형에게 있었던 일이 생각나네요. 사촌형의 가게는 길에서 한참 들어가 있었고 입구에는 창문도 없었어요. 게다가 간판도 걸 수 없었죠. 그러다 보니 당연히 사람들의 눈에 띄지 않았어요. 그런데 어느 날, 형에게 기발한 아이디어가 떠올랐어요. 형은 입구 바깥쪽 바로 옆에 작은 테이블을 내놓고 테이블 위에 갓 구운 빵과 쿠키를 올려놨죠, 그리고 선풍기도요.

그러자 사람들은 발걸음을 멈추고 맛있는 냄새가 어디서 나는지 주위를 두리번거렸어요. 그리고 일주일 만에 가게 매출이 두 배로 올랐어요! 창고에 처박혀 있던 테이블과 고작 12달러짜리 선풍기로 말이에요. 사촌형은 이 일을 단지 운이 좋았을 뿐이라고 말했어요. 하지만 이것이 바로 당신이 말하는 우리가 찾아야 할 작은 변화겠죠?"

"맞아요, 켄. 그것이야말로 내가 지금부터 당신에게 말하고 싶은 물리학의 두 번째 법칙을 설명하는 훌륭한 사례네요. 지렛대를 생각해 봐요. 작은 행동으로 큰 변화를 만들어내죠. 당신은 작은 행동을 시작하는 것으로도 엄청난 변화를 경험할 수 있어요."

팻은 몸을 앞으로 기울이며 적극적으로 말했다.

"또다시 뉴턴인가요?"

켄도 몸을 앞으로 숙이며 물었다.

"아니요, 이번에는 더 먼 과거로 거슬러 올라갈 거예요. 고대 그리스의 아르키메데스한테로요."

팻은 책상에 놓여 있는 종이들을 치운 뒤, 연필을 한 자루 내려놓고 자를 꺼내 연필 위에 균형을 맞춰 올려놓았다. 그러고 나서 옆에 있는 책장에서 큰 사전을 꺼내 켄 앞에 내려놓았다.

"자, 이제 한 손가락으로 사전을 책상 위로 들어 올려보세요."

켄은 한 손가락으로 사전을 책상 위로 조금 들어 올릴 수 있었지만 쉽지 않았다.

팻은 사전을 그의 손에서 가져다 자의 한쪽 끝에 올려놓았다.

"이제 지렛대인 자의 반대쪽 끝부분을 한 손가락으로 눌러보세요."

켄은 별로 힘을 주지 않고도 사전을 완벽하게 들어 올릴 수 있었다.

"아르키메데스는 이렇게 말했죠. '나에게 충분히 길고 강한 지렛대를 달라. 그리고 받침점과 설 자리를 준다면 내가 지구를 들어 보이겠다.' 와, 정말 멋진 말 아니에요?"

"내가 지구를 들어 보이겠다."

켄은 지렛대를 눌러서 사전을 몇 번 더 들어 올리며 따라 말했다.

나에게 충분히 길고 강한 지렛대를 달라. 그리고 받침점과 설
자리를 준다면 내가 지구를 들어 보이겠다.

"올바른 방향으로 변화를 만들어낼 수 있다면, 그게 사소한 일일
지라도 당신이 들인 노력에 비해 엄청난 성과를 얻을 수 있어요. 한
분야에서 정상에 오른 사람들은 이처럼 지렛대 효과가 나타날 수
있는 행동을 잘 포착해서 그 기회를 잘 살리곤 하죠."

"작은 지렛대로 엄청난 것을 들어 올릴 수 있듯, 사촌형처럼 작
은 노력으로도 엄청난 결과를 얻을 수 있다는 것이로군요."

"바로 그거에요, 켄. 그걸 '20대 80 법칙'으로도 설명할 수 있어
요. 아마 당신도 이 법칙에 대해 들어봤을 거예요. 때때로 파레토
법칙이라고도 불리죠."

켄은 고개를 끄덕였다. 그동안 일했던 몇몇 회사들에서 연수를
받는 동안에 배웠던 기억이 났다. 원래 배웠던 것은 '80대 20 법칙'
이었지만, 바꿔 말해도 이해할 수 있었다.

"이 법칙은 경제학자 파레토가 20퍼센트의 사람들이 80퍼센트
의 부를 차지하고 있음을 발견하면서 만들어지기 시작했죠. 이런
관계는 어느 분야에서든지 찾아볼 수 있어요.

평균적으로 한 회사 제품의 20퍼센트가 그 회사 전체 수익의 80
퍼센트를 가져다주곤 하죠. 레스토랑의 경우, 메뉴에 있는 음식들
의 20퍼센트로 전체 매출의 80퍼센트에 해당하는 수익을 올리고

있죠. 내 경우에도 내 학생들 중 20퍼센트에게 내 시간의 80퍼센트를 할애하고 있어요. 우리의 일상 업무 가운데서도 '20대 80 법칙'을 자주 발견할 수 있어요."

"팻, 보통 이 법칙을 '80대 20 법칙'이라고 부르지 않나요?"

켄은 그녀처럼 똑똑한 사람이 자칫 용어를 잘못 사용해 다른 사람들 앞에서 창피를 당하는 일이 없기를 바랐다.

"그리고 이 법칙을 대체로 어떤 사회적 현상을 설명할 때 자주 쓰죠. 방금 당신이 말했던 것처럼, 한 회사 제품의 20퍼센트가 그 회사 전체 수익의 80퍼센트를 가져다준다는 식으로 말이에요. 그런데 지금 우리는 일하는 방식을 바꾸는 법에 대해서 말하고 있지 않나요?"

"호호호, 그래요! 켄, 당신은 정말 똑똑한 학생이에요. 내 수업에 언제 등록 안 할래요?"

팻은 책상에서 벌떡 일어나 큼직한 화이트보드를 끌어당겼다. 그녀가 문제를 풀곤 할 때 사용하는 것인지 화이트보드에는 켄이 보기에는 상형문자처럼 알 수 없는 숫자와 기호들이 복잡하게 적혀 있었다. 팻이 화이트보드를 돌리자 다른 깨끗한 면이 나타났다.

"우리의 행동은 특정한 결과들을 만들어내죠."

팻은 도표를 그렸다.

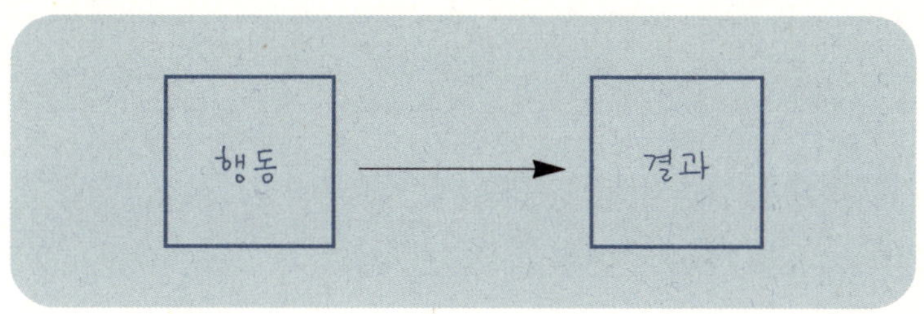

"20대 80 법칙은 여기에도 해당돼요. 켄, 당신에게도 적용되고
요. 그리고 모든 사람들에게, 그들의 행동과 그 행동들이 만들어낸
결과에도 직접적으로 연관이 있어요. 지렛대 효과 덕분에 우리는
작은 행동의 변화가 엄청난 결과로 이어질 수 있다는 것을 알게 되
었어요. 그렇죠?"

지렛대 효과 덕분에 우리는 작은 행동의 변화가 엄청난 결과
로 이어질 수 있다는 것을 알게 되었어요.

"맞아요."
켄이 말했다. 그러자 팻이 도표에 그림을 더했다.

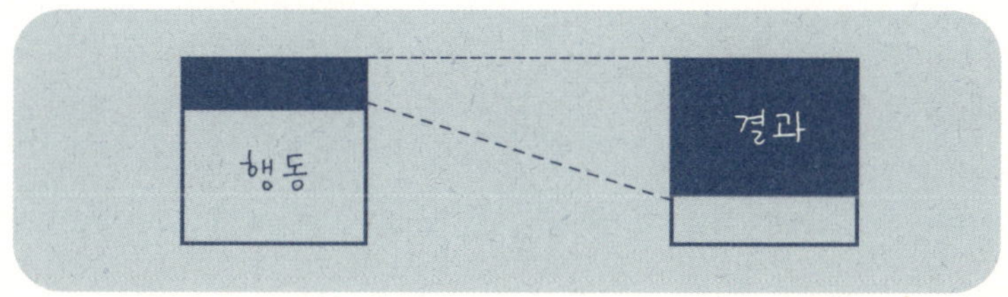

"당신이 보듯이 우리가 주목해야 할 것은 결과 그 자체보다, 엄청난 결과를 만들어낼 수 있는 행동이에요. 그래서 나는 이것을 '80대 20'이 아닌 '20대 80 법칙'이라고 부르죠."

팻은 제목을 붙여 도표를 완성시켰다.

20대 80 법칙

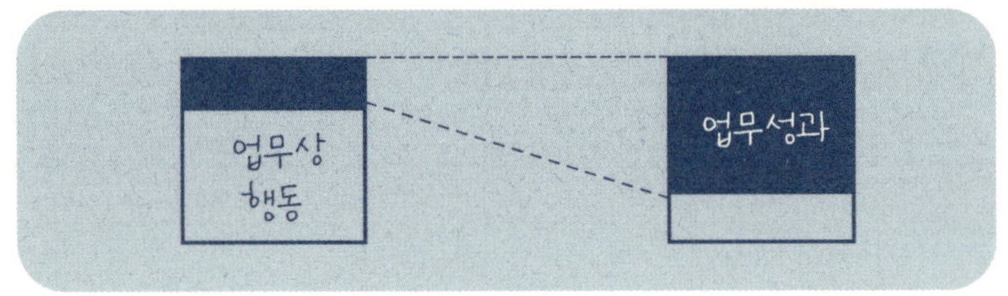

"그래야만 정말로 주목할 필요가 있는 것에 더 집중하게 되니까요. 엄청난 변화를 가져올 작은 행동들에 말이에요."

"20대 80 법칙이라······."

켄이 단어 하나하나를 음미하듯 되뇌었다.

"가만히 생각해보니, 20대 80 법칙이라고 부르는 편이 더 이해하기 쉽네요. 80퍼센트의 수익을 먼저 생각하는 것보다, 80퍼센트의 수익을 만들어내는 20퍼센트의 제품에 먼저 주목하는 것이 확실히 더 효과가 있을 것 같아요."

그 순간 켄의 얼굴에 미소가 떠올랐다. '80대 20'을 '20대 80'으로 초점을 바꾸는 행위 그 자체가 작은 행동의 변화로 굉장한 결과를 만들어낸다는 것을 보여주는 사례임을 깨달았던 것이다. 그리고 그렇게 함으로써 커다란 결과를 낳은 작은 행동의 변화에 주목할 수 있었다.

"카를로스가 지렛대의 원리를 이해한 순간 회사에서 어떤 일을 해냈는지 당신이 봤다면 아마 깜짝 놀랐을 거예요. 그는 1퍼센트 해법의 뒤에 감추어진 그 개념을 회사에 있는 모든 사람에게 설명하고 나서 그들에게 무언가를 1퍼센트만큼만 더 향상시켜보라고 말했어요."

"그거 정말 멋진 생각인데요. 1퍼센트만 더 나아지라고 하는데 누가 못한다고 그러겠어요?"

"바로 그거에요, 그리고 그는 부하 직원들과 많은 시간을 함께하며 커다란 성과를 만들어낼 수 있는 작은 행동들을 찾기 시작했어요. 그들이 바꿨던 행동들 중 어떤 것은 너무도 간단한 것이었죠. 바로 그들 모두 동료들을 더 존중하고 더 긍정적인 태도로 대하기 시작한 거예요. 그러고는 결국 서로를 대하듯 고객들을 대하게 되었죠.

그 이후 카를로스는 영업부서로 자리를 옮겨 영업관리자 세 명과 함께 일하며 영업사원들이 일하는 방식에 높은 지렛대 효과를 만들어낼 수 있는 행동을 찾았고 실행에 옮겼어요. 행동을 바꾸는 게 사원들 입장에서 그렇게 어려운 것은 아니었지만 회사의 수익은 크게 향상되었어요.

카를로스는 지금도 그때의 결과가 놀라웠다고 말하곤 해요. 그 변화들은 상대적으로 작은 것이었을지도 모르지만, 그것들은 분명 지렛대 효과가 큰 변화들이었고 이제 그의 회사는 훨씬 많은 수익을 내고 있어요. 그 일이 있은 지 몇 달 후 카를로스는 나에게 와서 자신이 발견한 놀라운 사실을 말해줬어요. 그 변화들이 부가효과, 그것도 아주 멋진 부가효과를 낳았다는 거예요.

연못 한가운데 돌을 던지면 물결이 바깥으로 퍼져나가 연못 전체에 영향을 주게 되죠. 1퍼센트 해법도 똑같아요. 일단 일하는 방식에 올바른 변화를 만들어 나가기 시작하면 그 영향력이 사방으로 퍼져나가 모든 관계들에 영향을 주죠."

"정말인가요? 어떤 방식으로요?"

"카를로스의 경우, 곧 그의 회사 내 모든 직원들이 일에 더욱 몰두하게 되었어요. 그리고 직원들은 관리자들에게 커다란 성과를 이끌어낼 변화들을 더욱 많이 제안하게 됐죠."

"그렇군요. 그 회사 사람들은 작지만 목표를 향한 변화를 시도했고 그것이 향상을 이루어낸 거군요. 그들이 한 것이 단지 1퍼센트의 변화라는 것은 중요하지 않겠죠. 왜냐하면 그 변화가 엄청난 결과를 이끌어냈으니까요. 그리고 그 변화의 물결은 회사의 구석구석까지 퍼졌고요."

켄은 자신이 정확하게 이해했는지 확인하기 위해서 말했다.

"맞아요, 켄. 사람들은 일단 결과를 보고 나면 다른 새로운 일을 찾아 하려는 동기를 얻게 돼요. 그리고 한번 시작하게 되면 계속하게 되지요. 그렇게 가속도가 붙는 거예요. 자, 그러면 동기―행동 도표를 다시 볼까요?"

팻이 켄의 노트를 펼치기 위해 몸을 앞으로 기울이며 말했다. 그 녀는 연필을 집어 들었다.

"내가 조금 더 추가해도 되겠죠?"

"그럼요."

팻은 도표에 제목을 적어 넣었다.

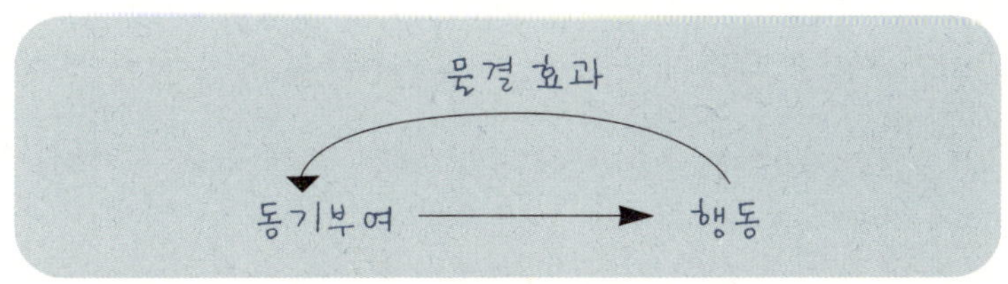

켄은 창밖의 나무를 바라보며 잠시 동안 지렛대 효과가 가져다 준 큰 변화들이 그의 직장에 어떤 영향을 미칠지 생각해보았다. 영향력이 물결처럼 직장 전체에 가득히 퍼질 때, 동기와 행동의 순환 사이클로 모든 사람들이 자신들의 일에 더욱 열정적이 될 때, 과연 어떤 일이 일어나게 될까. 그리고 가속도까지 붙는다면 어떻 게 될까.

팻은 켄이 생각을 정리할 수 있도록 잠시 여유를 두었다가 계속 해서 말을 이었다.

"이것은 단지 큰 기업만을 위한 것이 아니에요, 켄. 나는 늘 학생들에게 물리 법칙은 우리가 주변에서 볼 수 있는 모든 것, 그리고 우리가 볼 수 없는 수많은 것들에 적용된다고 말하곤 해요. 당신에게도 똑같이 말해주고 싶어요. 이 법칙들은 당신 삶의 모든 부분에 적용돼요. 대인관계, 건강관리, 다이어트, 새로운 기술을 배우거나 익히는 일에도 적용할 수 있어요."

"대인관계의 경우는 어떠한가요?"

"1퍼센트 해법은 나의 사적인 부분에도 정말로 많은 영향을 끼쳤어요. 카를로스가 나에게 그의 성과를 말해줬을 때, 나는 지렛대 효과에 가속도가 더해지면 사람들 사이의 관계가 얼마나 단단하게 맺어지는지 알게 되었어요. 그 순간 마음에 걸리는 것이 하나 있었어요."

켄은 창밖을 보고 있던 시선을 돌려 그녀를 쳐다보았다.

"나는 결혼생활에 100퍼센트 만족하지 못했어요. 아이들에게 좋은 엄마인지도 확신할 수 없었고요."

켄은 천천히 고개를 끄덕였다. 팻이 편하게 말을 꺼낼 수 있도록 귀를 기울이고 있음을 알려주기 위한 친근한 신호였다.

"과학자로서의 나는 이런 대화에 익숙하지가 않아요. 하지만, 음, 나는 정말 작은 일부터 시작했어요. 어쩌면 우습게 보일지도 모르겠지만……."

"아니에요, 팻. 그건 결코 당신이 생각하는 것처럼 우습지 않고 오히려 큰 도움이 되는 일이었을 거예요."

1퍼센트 해법은 나의 사적인
부분에도 정말로 많은 영향을 끼쳤어요.

"그렇게 말해주니 고마워요. 음, 제일 먼저 나는 가족들이 나에게 말을 걸 때, 조금이라도 더 집중하려고 했어요. 말을 들을 때 가족의 눈을 들여다보며 귀 기울였어요. 그리고 매일매일 내가 그들을 사랑하고 있다는 것을 보여줄 만한 행동을 했어요. 안아주거나 '사랑해'라고 말하곤 했죠. 또 일주일에 한 번은 뭔가 특별한 일을 했어요. 가족들이 가장 좋아하는 음식을 해주거나 할 일을 대신 해주었죠."

팻을 향해 몸을 돌리는 켄의 눈이 촉촉하게 젖어 있었다.

"팻, 그것은 굉장한 일이에요."

순간 켄은 가장 좋아하는 그룹의 노래를 마음속에 떠올렸다.

'친절한 말은 반드시 들리게 되죠. 그런데도 사람들은 칭찬을 하지 않아요.'

켄은 이제 칭찬을 시작해야 할 때라고 생각했다. 사실, 팻이 말했던 행동들은 그 역시 당장이라도 시작할 수 있을 만큼 쉬운 것이었고 그 효과는 정말 대단할 것이었다.

"물결 효과는 가정에도 영향을 주었어요. 비록 그 영향이 바로 나타나지는 않더라도요."

팻이 웃으면서 계속 말했다.

"가족과 동료들이 당신을 마치 다른 행성에서 온 사람처럼 봤다고 말했을 때, 난 그게 어떤 기분인지 이해할 수 있었어요. 나 역시 그런 일을 겪었으니까요. 하지만 서서히 아이들과 남편뿐만 아니라 친구들과 다른 가족들 모두에게도 영향이 미쳤어요. 나는 곧 더 많은 포옹을 받았고, 가끔은 가족들이 나를 위해 요리해준 맛있는 음식을 먹게 되었죠. 그리고 내가 말할 때 사람들이 완전히 집중을 하고 있다는 것을 느낄 수 있었어요."

"팻, 이게 그냥 우연히 벌어진 일은 아닌 거죠?"

"오, 물론이죠. 이런 효과는 과학적 사실로도 증명되었어요. 연구 결과에 따르면, 만약 당신에게 비만인 친구가 있다면, 당신이 과체중이 될 가능성은 57퍼센트 더 높아진대요. 그리고 만약 당신에게 금연을 한 친구가 있다면, 당신이 금연을 할 수 있는 가능성은 30퍼센트 더 높아지고요. 놀라운 사실이죠? 하지만 이게 다가 아니에요. 더 흥미로운 연구 결과가 있어요."

그녀는 책상 서랍을 열고 종이 한 장을 꺼냈다. 종이의 맨 윗부분에는 '행복은 전염된다'라고 쓰여 있었다.

"이것은 교수인 니컬러스 크리스태키스와 제임스 파울러가 오랫동안 연구한 결과를 토대로 쓴 책을 읽고 내가 정리한 노트예요. 그들은 당신이 더욱 행복해졌을 때, 그것은 엄청난 물결 효과를 일으켜 다른 사람들, 심지어 당신을 모르는 사람들까지도 더욱 행복하게 만든다는 사실을 발견했어요."

"설마요?"

"그건 분명 사실이에요. 만약 당신이 행복하면……."

팻은 자신이 정리한 내용을 읽어나가기 시작했다.

"당신의 옆집에 사는 이웃 역시 행복해질 가능성은 34퍼센트 더 높아진다.

당신의 배우자 역시 행복해질 가능성은 8퍼센트 더 높아진다.

1킬로미터 이내에 사는 당신의 형제자매 역시 행복해질 가능성은 14퍼센트 더 높아진다.

1킬로미터 이내에 사는 당신의 친구 역시 행복해질 가능성은 25퍼센트 더 높아진다.

그리고 당신의 친구의 친구 역시 행복해질 가능성은 10퍼센트 더 높아진다."

"와, 심지어 친구의 친구까지도 말인가요?"

켄이 끼어들었다.

"잠깐만요, 더 있어요. 당신의 친구의 친구의 친구 역시 행복해질 가능성은 5.6퍼센트 더 높아진다. 물론 이건 한 방향으로만 흐르지 않아요. 마찬가지로 당신의 이웃이 행복하면, 당신과 당신의 가족들 또한 행복해질 가능성은 34퍼센트 높아져요."

켄은 놀라면서도 동시에 기쁨을 감추지 못했다.

"그러니까 아르키메데스뿐만이 아니라 정말 우리 모두가 세상을 움직일 수 있는 힘을 가지고 있는 거네요, 그렇지 않은가요?"

"한 번에 1퍼센트씩 말이죠!"

팻이 덧붙였다.

우리 모두는 한 번에 1퍼센트씩

세상을 움직일 수 있는 힘을 가지고 있다.

4

탁월해지는 방법

잘하고 싶다면 시간을 투자해서 연습하라

1퍼센트 해법을 알아가는 과정이 대단한 여행이 될 거라는 짐 코치의 말은 옳았다. 켄은 1퍼센트의 비밀을 찾는 여행을 시작한 이후 만나는 멘토들마다 어찌나 마음에 들던지 믿기 어려울 정도였다.

평상복으로 출근해도 되는 금요일, 켄은 반바지를 입고 옷장 밑에서 보트를 탈 때 신는 신발을 꺼내 신었다. 사무실의 동료들에게 옷차림이 왜 그런지 설명할 때마다, 동료들의 부러워하는 반응을 보고 기분이 한층 더 좋아졌다.

켄은 업무를 마치고 보트를 타러 갈 계획이었다. 여행을 시작하기 전에 맹세한 규칙을 깨고 동료들에게 말하고 싶은 마음이 굴뚝 같았지만, 꾹 참고 자신이 타게 될 보트가 누구의 것인지 말하지 않았다. 보트의 주인은 경제지 헤드라인에 종종 등장하는 존경받는 기업인이었다.

업무를 마치고 책상에서 일어나기 전에, 켄은 잠시 팻에게 배웠던 1퍼센트 해법의 토대라고 할 수 있는 지렛대 효과와 가속도의 법칙을 재점검했다. 보트의 갑판에는 노트를 내려놓을 만한 공간이 없음을 알고 있었기 때문에 그는 주요 내용을 다시 한 번 꼼꼼히 살펴보았다.

1. 행동함으로써 당신을 붙잡는 관성을 극복할 수 있다.

2. 가속도는 당신을 계속 움직이게 한다.

3. 지렛대 효과는 당신이 들인 노력에 비해 엄청난 결과를 가져다준다.

4. 20대 80의 법칙을 명심하고, 커다란 변화를 만들어낼 수 있는 작은 행동을 찾아야 한다.

20대 80 법칙

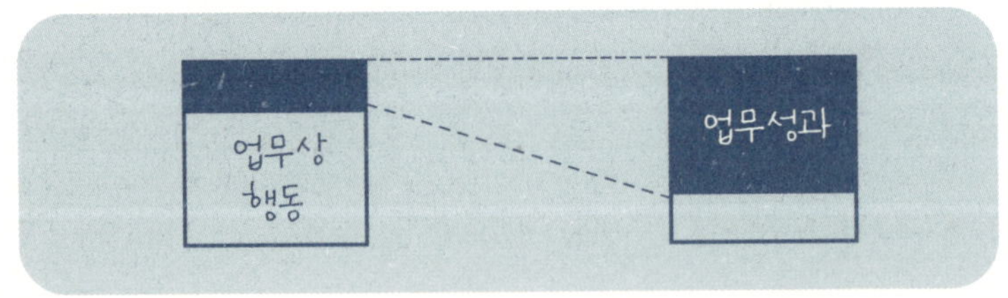

5. 지렛대 효과에 가속도가 더해지고 물결 효과가 일어나면
사람들 사이의 관계가 더 단단하게 맺어진다.

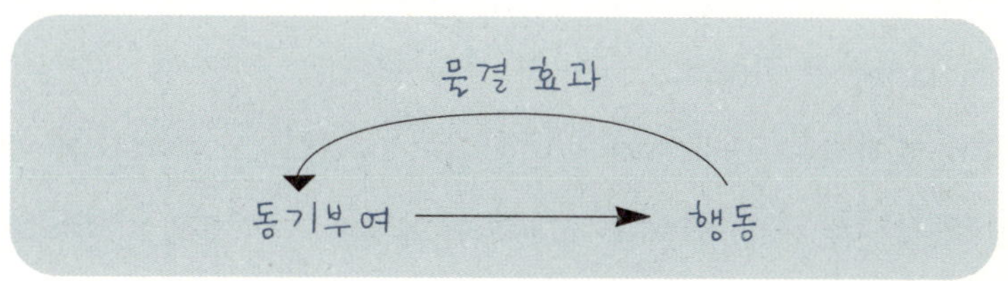

켄은 때때로 게으름을 부리기도 했지만, 지난 2주 동안 직장과
집에서 목표했던 작은 행동들을 계속 해나갔다. 그리고 두 번은, 팻
이 말했던 물결 효과가 나타나는 것을 본 것 같다는 생각까지 들었
다. 다음 수업 시간에 채워갈 백지들을 넘기면서 그는 가벼운 전율
을 느꼈다.

밥은 확실히 말이 많은 사람은 아니었다. 두 사람이 탄 보트가
항구에 정박해 있는 다른 배들 사이로 빠져나가는 동안, 그는 켄에
게 필요한 지시사항 이외에는 거의 말을 하지 않았다. 경영자이자
항해사이기도 한 밥은 내색하지는 않았지만 자신에 대해 커다란 자
부심을 갖고 있는 사람 같았다. 그리고 사람들에게 믿음을 주는 사
람이었다. 사람들은 밥이 팥으로 메주를 쑨다고 해도 곧이곧대로
믿을 것만 같았다.

보트가 바다로 나오자 그들은 돛을 올렸다. 그리고 잠시 동안 익

숙한 침묵 속에서 앉아, 눈앞에 펼쳐진 광대한 바다와 하늘을 바라보았다.

잠시 후, 밥이 무엇인가를 가리키며 말했다.

"우리는 지금 저곳으로 향하고 있다네."

밥이 가리키는 곳에는 작은 바위섬이 있었다. 섬 쪽에서 꽤 강한 바람이 불어오고 있는 것을 알아차리자, 켄은 긴장해서 손바닥에 땀이 배어났다.

"방향 잡는 법은 알고 있나?"

밥이 물었다.

켄은 조금 자신이 없었지만 고개를 끄덕였다. 맞바람에서는 처음에 돛의 한쪽 면으로 바람을 받도록 하고, 그다음에는 반대쪽에 받도록 조종해 목적지를 향해 지그재그로 나아가야 한다는 것을 배웠던 게 기억났다. 그동안 실력이 다소 녹슬었겠지만 곧 옛날 실력을 되찾을 수 있을 것이다.

밥이 보트를 조종하는 것을 보자 켄은 전에 보트를 몰던 시절이 생각났다. 밥은 보트를 처음에는 한쪽 방향으로 몰다가 조금 뒤에는 다시 다른 쪽으로 향하게 했다. 하지만 항상 섬 쪽을 향해 약 40도의 각을 유지했다. 그러더니 조금씩 방향을 더 빠르게 바꾸면서 속도를 내기 시작했다.

밥이 보트의 방향을 틀 때마다 켄은 몸을 날려 한쪽에서 다른 쪽으로 자리를 바꾸면서 보조를 했다. 그럴 때마다 마치 고등학교 시

절로 돌아가 하루에 두 번씩 했던 축구 연습을 하고 있는 것 같은
느낌이 들었다. 밥이 주돛을 맡고 있는 동안, 자신은 삼각돛(배의 앞
쪽에 있는 더 작은 돛을 그렇게 불렀던 것이 기억났다)의 줄들을 늦추어주거나
때로는 반대쪽으로 끌어당겨야 했기 때문에 계속해서 집중해야
했다.

한참 후, 밥이 잠시 숨을 돌리며 이마의 땀을 닦고 켄에게 키를
넘기며 말했다.

"자, 이제 자네 차례라네."

켄은 입이 바싹 말랐다. 바람을 가르며 방향을 바꾸기 시작하자
소금물이 얼굴에 휘몰아쳤다. 갑자기 바람이 더욱 거세진 것 같은
느낌이 든 것은 혼자만의 착각일까?

얼마 동안 같은 코스를 유지하던 켄은 마침내 태킹(뱃머리를 바람이
불어오는 쪽으로 향하게 해 돛의 방향을 바꾸는 일. 태킹을 해줘야 바람을 잘 받아 속도
가 유지된다-역주)을 시도하기로 결정했다. 그는 조심스럽게 키 손잡
이를 밀어젖혔다. 그러나 너무도 조심한 나머지 충분히 밀어젖히지
못해 보트의 방향이 완전히 바뀌지 않았고 그로 인해 바람을 정면
으로 맞게 되었다. 그 순간 켄은 팻의 얼굴과 외부에서 힘이 가해
지지 않는 한 움직이는 물체는 계속해서 움직인다는 팻의 말이 또
렷하게 머릿속에 떠올라 움찔했다.

돛은 바람을 제대로 받지 못해 그저 앞뒤로 펄럭거렸고 보트는
멈춰 서버렸다. 그러더니 보트가 바람을 받아 아예 뒤로 밀리는 것

같아 켄은 몹시 당황했다. 그런데도 밥은 꼼짝도 하지 않고 보트가 뒤로 계속 밀리다가 마침내 한 방향으로 약간 틀어져 앞으로 나갈 때까지 켄에게 계속 키를 맡겨 두었다. 잠시 후 돛이 다시 바람을 받았고 원래 코스로 되돌아왔다.

"방금 전 일은 자네에게 항해할 때 반드시 익혀야 할 가장 기본적인 기술 중 하나를 가르쳐주었다네. 주변의 조건과 상황들에 집중하고 그것에 대처하는 것 말일세. 그래야만 늘 앞으로 나아갈 수 있지."

밥이 말을 꺼냈다. 그리고 잠시 쉬었다가 다시 말을 이었다.

"삶이라는 항해를 할 때도 마찬가지라네."

그는 바위섬을 가리키며 말했다.

"저 섬이 자네의 목표라고 해보세. 만약 자네가 도중에 장애물을 만난다면 약간 다른 각도에서 접근해야 할 필요가 있겠지. 그러기 위해서는 목표를 명확히 하고 목표에 도달할 수 있는 바른 진로를 찾는 데 집중해야 하네. 다시 말해 키를 손에 잡고 딴생각을 하지 말라는 뜻이네, 켄."

"예, 알겠습니다."

"자네의 집중력이 흐트러져 진로를 단지 1퍼센트 벗어났다고 상상해보게."

"그렇게 되면 섬을 지나치게 되겠죠, 섬이 무척 작으니까요."

"그렇다네. 그러면 다시 되돌아오느라 시간을 허비해야겠지. 아니면 길을 잘못 들어 암초에 부딪쳐서 침몰할 수도 있고. 물론, 바위섬은 비교적 가까운 거리에 있는 목표였기 때문에 진로에서 크게 벗어나지는 않았을 테지, 그렇지?"

"네."

"하지만 훨씬 더 먼 거리에 있는 목표를 향해 간다고 생각해보세. 우리가 영국까지 항해를 해야 한다면 어떻겠나?"

"잠깐만요, 우선 전화 몇 통만 걸게요. 출발하기 전에 처리해야 할 일들이 좀 있거든요."

켄이 웃으면서 말했다.

밥도 미소를 지으며 말했다.

"그래야지, 참으로 먼 거리를 항해해야 될 테니까. 아마 모든 조건들이 다 좋아도 그곳에 도착하는 데 30~40일은 걸릴 걸세. 그처럼 장거리 항해에서는 물론 그럴 수야 없겠지만 태킹 없이 그곳까지 자네가 선택할 수 있는 가장 짧은 코스로 간다고 가정해도, 우현으로 1퍼센트 벗어나거나 좌현으로 1퍼센트 어긋나면 프랑스나 아일랜드에 도착하게 될 거야."

"목표에서 단지 1퍼센트 어긋났을 뿐인데 40일 후의 목적지는 엄청나게 달라지고 마는군요. 제 인생에서 어떤 목표들은 그것보다 훨씬 더 멀리 있을지도 모르는데…… 그러니까 제가 1퍼센트만 어긋나도 그 목표에서 더 크게 벗어날 수도 있겠네요."

켄은 5년 후에, 아이들이 대학에 입학할 준비가 되었을 때, 그리고 은퇴할 때가 되었을 때 어떤 자리에 있고 싶은지를 잠깐 생각해 보았다.

"1퍼센트는 정말 중요한 거라네, 켄. 정말 중요해."

밥은 무시할 수 없는 아우라를 가진 리더였다. 그는 짧게 깎은 은빛 머리칼에, 선원으로 나고 자란 사람처럼 탄탄한 몸과 가죽 같은 피부를 가지고 있었다.

"밥, 당신은 타고난 뱃사람 같아요. 보트를 잘 모는 무슨 비결이 있나요?"

"내가 타고난 뱃사람 같다고? 실은 전혀 그렇지 않다네. 내가 태어난 곳은 오로지 농장들만 있는 곳이었지. 바다는 고사하고 수영장도 볼 수 없었지. 그런데 내가 십대였을 때 사촌형이 강 근처로 이사를 가서 보트를 샀지. 매해 여름마다, 나는 그곳에서 머물렀고 머지않아 보트 타는 일에 푹 빠지게 됐다네.

하지만 내가 보트를 모는 것에 천부적으로 소질이 있었던 것은 아니라네. 보트를 부두에 대지 못하기도 하고 들이받은 것도 셀 수 가 없을 정도였지. 때로는 보트가 뒤집히기도 하고 좌초된 적도 있 었어. 그래도 나는 계속 연습을 했다네. 나보다 대여섯 살이나 어린 애들과 같이 보트 타기 초보자 수업을 들었고, 수업을 시작하거나 마친 뒤에도 계속 연습했지. 그렇게 끊임없이 연습한 결과 대회에 나갈 만한 실력을 기를 수 있었고, 마침내 나만의 보트를 가질 수 있게 되었다네."

밥은 잠깐 쉬었다가 다시 말을 이었다.

"1퍼센트 해법에 관해 자네가 알아야 할 아주 중요한 것이 있네. 바로 '천부적인'이라는 말은 결코 세상에 존재하지 않는다는 것이라네. 운 좋게 어떤 것에 대해 천부적인 재능을 갖고 태어나 성공했다는 말 따위는 잊어버리게. 그것은 한마디로 헛소리야. 성공 뒤에는 오로지 피나는 연습만이 있을 뿐이지. 자네에게도 진정으로 잘하고 싶은 일이 있나?"

"물론이죠."

켄은 뛰어난 뱃사람이 되는 것은 그다지 원하지 않았지만, 다른 일이나 대인관계, 가정생활, 건강과 체력 단련에 관해서는 잘하길 바라는 것이 수없이 많았다.

"나는 다른 누가 그 어떤 성공 비결을 이야기하든 신경 쓰지 않는다네. 뭔가를 잘하고 싶다면 오로지 연습뿐이야. 연습하고 연습하고 또 연습해야 한다는 거지. 어떤 분야에서 정말 최고 중의 최고가 되려면 1만 시간을 연습해야 한다네."

켄은 멍하니 밥을 쳐다보았다. 어떻게 그런 엄청난 숫자가 나왔을까?

"이것은 몇몇 연구에서 이미 검증된 것이라네. 만약 자네가 어느 분야에서든지 전문가가 되고 싶다면 그 목표를 향해 1만 시간 동안 연습을 해야 하네."

"하지만 그건 너무나 긴 시간이에요. 일주일에 스무 시간을 연습한다고 해도 음…… 10년이 걸리는데요."

"그렇지."

"그럼 천부적인 재능을 타고난 사람들도 그렇단 말인가요? 음…… 뛰어난 피아니스트 같은 사람들 말이에요."

"내 손녀딸은 실제로 프로 음악가라네. 솔로 바이올리니스트인데, 난 그 애가 연습에 얼마나 많은 시간을 쏟아 붓는지 지켜봐왔다네.

또, 엔더스 에릭슨이라는 심리학자가 다른 연구자들과 함께 내 손녀처럼 최고 수준에 오른 사람들이 연습에 얼마나 많은 시간을 쏟았는지 연구를 한 적이 있지. 엘리트 음악학교에 재학 중인 바이올리니스트들을 대상으로 말일세. 연구자들은 학생들을 반드시 스타가 될 사람, 전문 연주자가 될 사람, 잘하긴 하지만 썩 대단하지는 않아 아마도 바이올린 선생이 될 사람으로 분류를 했지.

그들이 발견할 수 있었던 오직 한 가지 차이점은 그 음악가들의 연습량이었다네. 선생님이 될 정도의 사람들은 4천 시간을 연습했고, 전문 연주자로 나갈 사람들은 8천 시간이었지. 그럼 최고의 스타들은 몇 시간이었겠나?"

밥은 대답을 기다리며 켄을 바라보았다.

"왠지 감이 오는데요…… 1만 시간요."

두 사람은 함께 웃었다.

"연구자들은 천부적 재능을 갖고 태어났기 때문에 연습을 하지 않고도 최고의 자리에 오른 사람을 단 한 명도 발견하지 못했다네.

그리고 온 마음을 다해 열심히 연습했는데도 전혀 앞으로 나아가지 못했다고 투덜거리는 사람 역시 발견하지 못했지. 결국 내가 하고 싶은 말은 시간과 노력을 쏟아 연습한다면 틀림없이 발전한다는 것일세. 그러니 잘하고 싶다면 연습을 하게."

"밥, 궁금한 게 있는데요, 회사 일도 그러면 될까요? 제가 보기에 어떤 사람들은 천부적으로 잘하도록 타고나는 것 같거든요. 빌 게이츠를 한번 보세요. 어느 누구도 그만큼 대단한 성취를 이루어낼 수 없을 거예요."

"좋아, 빌 게이츠에 대해 살펴보세. 빌은 고등학교 시절 프로그래밍을 배우기 위해 체육시간을 빼먹고 한밤중에 대학교에 들어가 컴퓨터에 빠지곤 했다네. 그의 부모는 빌이 왜 항상 아침에 일어나기 힘들어 하는지 이해할 수 없었지. 그리고 빌은 하버드를 중퇴하고 난 후에는 1만 시간 이상을 프로그래밍 연습에 매달렸다고 하네. 지구상의 어느 누구보다도 더 많은 연습을 한 거지."

켄은 아직도 완전히 확신할 수 없었다. 분명히 어떤 사람들은 탁월함을 타고나는 것 같았다.

"그럼 최고의 운동선수들은 어떤가요? 웨인 그레츠키를 보세요. 그는 아무도 볼 수 없는 것을 보죠. 제가 기억하기로 그는 빙판 위를 날아가듯이 전속력으로 달리다가 절대로 뒤를 볼 수 없는 상황에서 퍽을 팀 동료에게 정확하게 백패스했어요."

켄은 그레츠키가 어떻게 그토록 마술 같은 기술을 해낼 수 있는

지 밝히기 위해 그의 경기들을 계속해서 되돌려보곤 했던 것을 회상하고는 여전히 놀라움에 고개를 저었다.

"아마 그 자신조차도 자신이 어떻게 그렇게 할 수 있었는지 설명할 수 없을 거예요! 그는 그저 얼음판 위에서 다른 선수들이 어디에 있는지 '감'으로 알아차려 보지도 않고 패스를 할 수 있다고 말했어요. 그리고 그는 퍽이 있는 곳으로 가지 않고 퍽이 갈 곳으로 달려갔어요."

"물론 그가 마치 육감을 가진 것처럼 보였겠지만, 이런 현상을 연구하는 스포츠 과학자들은 실제로 그의 뇌가 주변에 있는 모든 단서들을 어느 누구보다도 더 잘 포착한 것뿐이라고 말하고 있다네. 생각해보게, 그가 연습과 실전 경기에 얼마나 많은 시간을 투자했을지를. 그는 집 뒤에 만든 링크에서 수천 시간을 보낸 것부터 시작해서 또한 팀 동료들과도 수천 시간을 보냈지.

내 친구 중에 대학 때 하키 선수로 활동했던 녀석이 한 명 있는데, 그 녀석 말로는 상대편 선수가 얼음판 위에서 방향을 바꿔 움직이려고 할 때는 스케이트날 소리가 달라진다는 거야. 그것을 알고 나니까 상대편 선수의 움직임에 대응하는 데 시간상 조금 더 유리해졌다고 하더군. 내 친구가 그 정도라면 그레츠키가 뒤에서 들려오는 얼음판 위의 스케이트날 소리를 듣고 거의 무의식적으로 패스할 곳을 정확히 알아차리는 것도 가능하지 않겠나.

과학자들은 하키 선수들이 그레츠키와 같은 필드 감각을 익힐 수 있도록 비디오 게임 형태의 훈련 도구를 개발했지. 그리고 선수들이 주변 정보를 더 잘 포착할 수 있도록 훈련시켰다네. 보통 사람들에게는 도저히 불가능해 보이는 이 같은 능력을 연습을 통해 계발할 수 있다면 연습을 통해 달라질 수 있을 다른 모든 것들을 한 번 생각해보게."

켄은 그제야 이해가 된다는 듯 고개를 끄덕였다.

"듣고 보니 그렇군요."

밥의 도움으로, 켄은 보트를 조종하는 것이 점점 더 수월하게 느껴졌다. 하지만 가까이 다가오는 작은 바위섬을 응시하면서 점점 말수가 적어졌다. 켄은 머릿속으로 자신이 하고 있는 업무들을 돌아보았다. 그는 지금까지 자신의 업무를 1만 시간 넘게 해왔음에도 불구하고 아직 완전히 숙달되었다고 자신할 수 없었다. 게다가 더 이상 앞으로 나아가지 못하고 정체되어 있는 느낌이었다.

회사 업무뿐만이 아니라, 동료들과의 관계나 가장으로서도 이미 1만 시간 이상을 투자해왔다. 그런데 왜 아직도 잘하기가 이렇게 힘든 것일까?

"밥, 저는 일주일에 45~50시간을 업무에 쏟았어요. 매년 적어도 2,200시간이죠. 전 이 일을 5년째 해오고 있어요. 그러니 적어도 11,000시간은 되죠. 그렇다면 전 벌써 CEO가 되어 있어야 하는 것 아닌가요? 그리고 자신의 분야에서 30~40년 동안 종사했던 사람들이 왜 모두 달인이 되지 못한 거죠?"

머릿속이 복잡했지만 켄은 애써 밝게 농담조로 말했다.

그러자 밥이 진지함이 가득 담긴 목소리로 대답했다.

"우선 두 번째 질문에 먼저 대답하겠네. 30년 넘게 일한 수많은 사람들이 그 분야에서 최고가 되지 못한 것은 진정으로 30년의 경험을 쌓지 못했기 때문이라네. 그들은 단지 1년의 경험을 30번 했을 뿐이지. 그런 사람들은 절대로 성공할 수 없다네."

> 30년 넘게 일한 수많은 사람들이 그 분야에서 최고가 되지 못한 것은 진정으로 30년의 경험을 쌓지 못했기 때문이라네. 그들은 단지 1년의 경험을 30번 했을 뿐이지.

"자, 이제 첫 번째 질문으로 돌아가 보지. 자네는 왜 자신이 이미 1만 시간의 노력을 기울였음에도 불구하고 최고의 위치에 도달하지 못하고 있는지 물었네. 명심하게. 연습에 들인 시간의 양 이상으로 중요한 것이 바로 시간의 질이라네. 내가 조금 전에 말했던 앤더스 에릭슨은 이것을 '의도적인 연습'이라고 부르지. 의도적 연습이란 성과를 향상시키기 위해 특별히 계획해서 하는 연습을 말한다네. 그 연습을 반복해서 해야 하고, 또 자신이 제대로 잘하고 있는지 점검하는 것도 필요하지."

밥이 중요 항목들에 체크하듯 말했다.

"그런 연습을 해나간다는 건 결코 재미있지도 않고 매우 어렵지.

때로는 정말 굉장히 어렵기도 하다네."

"글쎄요, 제 일도 '재미있다'고 말하기는 어려울 것 같군요."

켄이 다소 방어적인 자세로 대답했다.

밥은 켄을 달래려는 듯 손을 들며 말했다.

"켄, 나는 자네가 일에 쏟은 노력과 열정을 의심하지 않네. 절대로. 하지만 자네의 목표가 그 분야에서 최고가 되는 것인데도, 전혀 앞으로 나아가지 못하고 있다고 느낀다면 스스로에게 몇 가지 질문을 던질 필요가 있네."

켄은 고개를 끄덕였다.

"으음."

"켄, 어렸을 때 악기를 연주해 본 적이 있나?"

"네, 피아노요."

"매일 얼마나 많은 시간을 연습했나?"

"화요일에서 금요일까지 30분씩요, 그리고 매주 월요일마다 레슨을 받았죠."

"그렇다면 매일 얼마만큼 의도적으로 시간을 내어 연습했나?"

켄은 피아노를 쳤던 어린 시절 오후를 돌이켜보았다. 몰래 창밖을 내다보며 다른 아이들과 함께 공을 차고 놀고 싶어 했던 기억이 났다.

"솔직히 말해 없네요…… 아니 레슨 받은 것도 쳐준다면 30분 정도일까요."

"자, 그럼 이제 지금부터 몇 년 후로 넘어가 보세."

"저는 앞으로도 계속 이런 식인 건 원치 않아요."

켄은 이를 악물며 미소를 지어보였다.

"아마도 절대로 그렇게 되지는 않을 걸세. 앞으로 자네가 어디에 이를지 알게 된다면 무척이나 좋아할 거야. 자네가 일상 업무에 쓰는 시간, 보고하는 데 쓰는 시간, 그리고 자네의 실력을 향상시키는 데 도움이 되지 않는 그 밖의 잡무에 쓰는 시간들을 모두 제하고 나면 한주에 얼마나 많은 시간을 업무 능력을 향상시키는 데 쓸 수 있을 것 같나?"

켄은 곰곰이 생각하고 난 후에 놀라움에 휘파람을 불었다.

"아마 18시간, 아니 20시간일까요."

"그러면 자네의 업무 능력을 향상시키기 위해 얼마나 많은 시간 동안 의도적인 연습을 하나?"

일을 할 때면 늘 잡다한 생각들이 방해하기 마련이었다. 켄은 꼬리에 꼬리를 물고 일어나는 이런 생각들을 떨쳐 버리기 위해 애쓰곤 했다. 생각해보니 업무를 처리하는 데도 바빠 업무 능력을 향상시키기 위해 어떤 일을 특별히 계획해서 반복적으로 해본 적이 거의 없었다. 켄은 고개를 저었다.

"아마 한 달에 한 시간 정도일까요."

"자네가 자네 분야에서 발전하지 못하는 이유는 대부분의 사람들처럼 업무를 하면서 의도적인 연습을 하지 않았기 때문이네."

켄은 순간 마치 몽유병에 걸린 것처럼 멍해졌다. 밥이 그를 흔들어 깨웠다.

"자네가 일로 성공하기 위해서 더욱 중요한 것은, 자네가 맡기를 바라는 다음 업무를 위해 필요한 자질을 얼마나 많은 시간 동안 의도적으로 연마했느냐는 것이네."

켄은 잠시 동안 아무 말도 하지 못했다.

"글쎄요. CEO가 되고 싶다면, 직원을 이끌거나 전략 수립하고 큰 그림의 비전을 구상할 수 있는 능력들이 필요하겠지요……."

그는 현재 눈앞에 있는 일들을 하는 데 바빠 미래를 내다보고 필요한 자질들을 키워야겠다는 생각은 거의 하지 못했음을 깨닫고 목소리가 점점 기어들어갔다. 사실상 그는 직장에서나 집에서 자신이 잘하고 싶었던 어떤 것을 위해 시간을 내어 의도적으로 연습해 본 적이 없었다.

"계속 이야기해도 되겠나?"

밥이 조용하게 말했다.

"네. 듣고 싶어요. 솔직히 질문하신 것이 정곡을 찔러 부끄럽기도 했지만, 저를 다시 돌아보게 해주는군요."

켄은 바다를 바라보며 몸에 따가운 소금기를 느꼈다. 이제야 새로운 현실이 눈앞에 펼쳐지는 듯했다.

"어떻게 해야 제가 다른 모든 것들을 제쳐두고 연습할 시간을 낼 수 있을까요?"

"지금 자네는 다른 대다수의 사람들처럼 눈앞의 일에만 골몰하여 하루 일과를 마칠 생각만 할 뿐 의도적인 연습을 할 생각은 전혀 하지 못하고 있네, 그렇지 않나?"

"음…… 네. 맞습니다."

그것은 정확한 평가였다.

"그렇다면, 우선 자네가 잘하고 싶은 것을 하루에 한 시간만 연습해보면 어떻겠나? 매일 한 시간씩 시간을 낼 수 있겠나?"

처음에 켄은 그것이 불가능하다고 생각했다. 하지만 곧 매일 쓸 데없는 일로 허비하는 자투리 시간들을 합산해보았다.

"적어도 하루에 한 시간 이상을 특별한 목적도 없이 인터넷을 서핑하거나 텔레비전 앞에서 빈둥거리곤 해요."

"의도적인 연습을 할 수 있는 시간은 이미 자네의 눈앞에 놓여 있네. 그런데 자네는 지금까지 그것을 눈치채지 못한 거야. 사실, 자네의 삶 전부가 연습할 수 있는 기회라네. 중요한 것은 지금 바로 행동하는 것이지. 그러면 이제 한 가지 일에 대해 하루에 한 시간씩 의도적인 연습을 할 경우 어떤 일이 벌어질지 생각해보게. 켄, 자네는 머지않아 자신이 크게 달라졌음을 발견할 걸세."

"당신이 조금 전 말한 그 연구 결과대로라면 분명 그렇게 되겠죠. 하루에 한 시간 정도라면 그리 어렵지는 않을 것 같은데요."

"단지 그것만 해서는 안 되네. 중요한 것은 정기적으로 한 걸음 물러나서 잠시 시간을 갖고 자신이 얼마나 잘하고 있는지 점검하는 거라네. 정기적으로 하던 일을 잠시 멈추고 스스로를 돌아보게. 자네가 편한 대로 매 시간마다, 몇 시간마다 또는 며칠 간격으로 스스로를 돌아보도록 하게. 중요한 것은 자네가 얼마나 잘했는지 그리고 어떻게 해야 다음번에 비슷한 일들을 할 때보다 더 나은 성과를 낼 수 있는지 생각하는 것이네.”

“마치 선수를 지도하는 코치처럼 말이죠.”

“바로 그거야. 그러니까 꼭 기억하게, 건설적인 피드백은 의도적인 연습에서 꼭 필요한 부분이라는 것을 말이야. 피드백을 할 때는 자네 스스로를 평가해볼 수도 있고, 다른 사람에게 도움을 청할 수도 있지. 상사 혹은 믿을 만한 누군가에게 자네가 잘하는 것 두 가지, 그리고 더 잘할 수 있었던 것 두 가지를 말해 달라고 할 수도 있다네.”

“그것 참 간단해 보이네요. 만약 그렇게 한다면, 과연 효과가 있을까요?”

“물론 내 손녀딸이 바이올린을 한 주에 20시간 동안 연습한 것이나 그레츠키가 빙판에서 보냈던 시간과는 비교할 수 없겠지만 분명 매우 효과적일 걸세, 켄. 생각해보게. 집중력을 향상시켜서 일상적인 업무를 하는 동안에도 연습을 할 수 있게 된다면, 일하는 것 자체가 스스로의 자질을 키우는 방법이 되는 거지.

사실, 나는 자네에게 더욱 힘든 일에 도전하라고 권하고 싶네. 이성적인 판단 하에 말일세. 새로운 일에 도전한다는 것은 더 많은 것을 배우고 스스로 성장할 수 있는 좋은 기회가 되기 때문이지."

그 말을 듣는 순간 켄의 마음에 뭔가 짚이는 게 있었다.

"그럼 아까 보트 조종할 때도 설마 의도하신 거였나요? 우리가 태킹을 시작했을 때, 저는 당신이 매 단계마다 속도를 올리며 서서히 저에게 더 많은 압박을 가하고 있다는 것을 느꼈어요. 그래서 처음에는 힘들기도 했지만 그걸 해내면서 제가 이전에 할 수 있다고 생각했던 것보다 훨씬 더 많은 것을 해낸 기분이 들었지요."

"그렇다네. 그걸 점진적인 스트레스라고 부르지. 업무를 수행할 때 겪는 스트레스를 1에서 10까지로 생각해보게. 우리가 태킹을 시작했을 때, 자네의 스트레스 수준은 대략 2~4정도였을 걸세. 그것은 자네가 편안함을 느끼는 범위에서 조금 벗어난 수준이라고 할 수 있겠지. 자네가 그것에 익숙해지면 다시 스트레스를 느끼지 않는 수준으로 내려가겠지. 그렇지?"

"그럴 겁니다."

"그러면 나는 속도를 더 높여 자네를 다시 2~4 수준으로 밀어 올렸지, 그렇지 않나?"

"맞습니다, 제가 미처 생각하지 못하고 있었지만 분명히 그렇게 하셨죠."

"그럼 내가 자네에게 키를 맡겼을 때는 어느 정도의 긴장감을 느꼈나?"

"적어도 5, 아니 어쩌면 6이나 7 정도까지 됐을 거예요."

켄이 시인했다.

"그것이 바로 내가 바라던 바였네. 그 단계를 소위 '긴장 수준' 이라고 할 수 있지. 자네 자신의 상태를 그 수준까지 밀어 올리는 것이 자네에게도 좋은 일이 될 수 있다네. 자네가 코치나 동료, 가족, 멘토, 또는 기꺼이 진실을 말해주는 진정한 친구에게 적절한 도움을 받기만 한다면 말일세."

밥이 고개를 끄덕이며 말했다.

"혹은 적어도 1만 시간의 경험을 가진 뛰어난 선장의 도움을 받는다면 말이죠."

켄은 밥의 탁월한 실력에 찬사를 보내며 미소를 지었다.

밥은 미소를 지으며 고개를 끄덕인 뒤 말했다.

"하지만 그때 주의해야 할 것이 있네. 만약 자네가 일정한 수준 이상으로 자신을 몰아붙인다면 금세 한계점에 도달하고 말 거야. 그렇게 한계점에 다다른 상태에서도 자네가 스스로를 계속 극한 상황으로 몰아붙인다면 주위에서 아무리 많은 지원을 받더라도 결코 그 스트레스를 견뎌낼 수 없을 걸세."

켄은 작은 것부터 시작하라는 카를로스와 팻의 충고가 떠올랐다. 그 충고는 지금 그에게 훨씬 더 큰 의미로 다가왔다.

그들은 이제 바위섬에 거의 도착했고, 켄은 그곳에 있는 작은 구조물들을 볼 수 있었다. 풍파에 닳은 전망대에는 흔들의자 두 개와

해먹, 불판이 덩그러니 놓여 있었다. 근처에는 다른 섬들이 몇 개 더 있었고 그 섬들에는 정원과 수영장이 있는 커다란 집들이 있었다. 이상하게도 밥은 그곳의 집들 중 한 곳으로 향하지 않고 요상한 돌무더기들이 쌓여 있는 곳으로 향했다. 밥은 바위섬에 보트를 정박하고 작은 나무 기둥에 보트를 묶었다. 두 사람은 보트에서 내려 전망대를 향해 바위를 오르기 시작했다.

켄은 아쉽게도 그가 예전에 놓쳤던, 배우고 성장할 수 있었던 기회들을 생각하지 않을 수 없었다. 그리고 곧 이어 그러한 기회를 붙잡았던 주변 사람들이 머릿속에 떠올랐다. 정말로 많은 사람들이 그보다 몇 광년을 앞서가고 있었다. 생각이 거기에 미치자 그는 갑자기 맥이 빠졌다.

밥은 걸음을 늦춰 켄과 나란히 걷기 시작했다. 그는 마치 켄이 지금 무엇을 생각하고 느끼고 있는지 다 알고 있는 것 같았다.

"켄, 나는 항상 스스로를 남들과 비교하곤 했다네. 그러다 결국 그게 전혀 쓸데없는 짓임을 깨달았지. 나보다 잘난 사람은 항상 있기 마련이니까."

여러 사람에게 존경받는 밥이 그런 생각을 한 적이 있었다니 켄은 마냥 놀라울 따름이었다.

"그런데 내가 나를 나 자신과 비교하기 시작하자 비로소 상황을 명확히 이해하고 진정한 성취를 이루어낼 수 있었다네. 아마 자네도 자네 자신을 비교 대상으로 삼는 것이 더욱 건설적이라는 것을 깨닫게 될 걸세. 가장 중요한 것은 자네가 예전의 자네보다 1퍼센트 나아질 수 있다는 것이라네.”

　　아마 자네도 자네 자신을 비교 대상으로 삼는 것이 더욱 건설
　　적이라는 것을 깨닫게 될 걸세. 가장 중요한 것은 자네가 예
　　전의 자네보다 1퍼센트 나아질 수 있다는 것이라네.

　　켄은 바위 위에서 발 디딜 곳을 찾기 위해 아래를 내려다봤다. 그때 밥이 말했다.

　　“자네는 자네 자신이 아닌 다른 누군가가 서 있는 자리에서 이 여행을 시작할 수는 없네. 또한 자네가 있고 싶은 자리에서 시작할 수도 없지.”

　　밥은 그들이 가야 할 방향을 가리켰다. 그리고 발 아래쪽에 있는 바위로 내려가면서 계속 말을 이었다.

　　“자네는 지금 자네가 서 있는 그 자리에서 시작해야 하네. 물론 자네는 내일을 생각할 수도 있네. 그리고 아마 미래에 대한 꿈도 꿀 수 있을 거야. 하지만 현재 자네의 자리에서 최선을 다하는 것이 반드시 지켜야 할 가장 중요한 원칙이라네.”

　　“긍정의 힘에 대해서는 어떻게 생각하세요? 긍정적으로 생각하고 꿈꾸는 것은 중요하잖아요.”

　　“물론 희망은 좋은 거야. 하지만 행동이 따르지 않으면, 그것은

특별히 유용한 전략이라고 할 수 없네. 많은 사람들이 긍정적인 생각을 하지만 막상 자신의 꿈을 이루기 위한 계획을 실행에 옮기지는 못하고 있네. 소망하지만 말고 행동으로 옮겨야만 하네."

정상에 도착한 두 사람은 그늘을 찾아 자리를 잡고 앉아 바다를 내려다보았다. 그곳의 전망은 과연 힘들게 올라올 만한 가치가 있었다.

밥이 계속 말을 이었다.

"언젠가 콜린 파월이 하는 이야기를 들었던 적이 있네. 장군이 되고 싶은 야망에 불타는 한 신입 소위의 이야기였지. 신입 소위는 어느 날 밤 장교클럽에서 한 장군이 바에 앉아 있는 것을 발견하고 그에게 다가가서 말했지. '장군님, 죄송합니다만 한 말씀 여쭙겠습니다. 장군이 되려면 도대체 어떻게 해야 합니까?'

'자네는 개처럼 일해야만 하네.'라고 장군이 답을 했지. '자네는 정신적으로 육체적으로 늘 용기를 가져야만 하네. 정말로 피곤한 날들도 많지. 하지만 절대로 피곤한 내색을 해서는 안 된다네. 두려운 순간도 있지만 절대로 두려움을 내보일 수 없지. 그리고 늘 리더가 되어야 한다네.'

소위는 이 조언에 큰 감명을 받고 이렇게 말했다네. '감사합니다, 장군님. 이게 정말 장군이 되는 방법입니까?' '아니지.' 장군이 말했어. '그것은 자네가 중위가 되는 방법이라네. 그것을 계속해서 반복하고 또 반복하면 마침내 자네는 장군이 될 수 있을 걸세.'"

"그러니까 목표에 도달하기 위해서는 어떤 곳으로 가고 싶은지를 알고 거기에 도달하기 위해 어떻게 행동해야 할지 알아야 한다는 것이군요. 그리고 인내와 노력이 우리를 그곳으로 데려다 준다는 거고요."

"그렇지, 켄. 바로 그거야. 이 이야기는 내게 많은 것을 생각하게 해주었다네. 나 역시 아주 절박한 심정으로 답을 찾고 있었으니까."

밥은 짧은 흰 머리칼을 손으로 쓸어 올리며 가볍게 숨을 내쉬었다.

"아주 오래전 일이었지. 아마 자네가 아직 어린아이였을 때일 걸세."

밥은 켄을 한 번 쳐다보고 나서 계속 말을 이었다.

"나는 창업을 했고 회사는 빠르게 성장했지. 나는 곧 남들이 부러워하는 사람들 중 한 명이 되었네. 그런데 얼마 안 가 회사가 재정 위기를 겪게 되었지. 나는 거래처에 언제나 30일 이내에 대금을 지불할 수 있다고 스스로 자부해왔어. 그런데 어느 날 장부를 보았더니 더 이상 그럴 수 없다는 것을 알게 되었네. 순식간에 회사의 순자산이 엄청난 마이너스로 돌아섰지. 결혼 생활은 파국으로 끝났고, 아이들도 내게 말을 붙이려 하지 않았네. 한바탕 미친 광풍이 몰아쳐서 내 보트를 난파시켜버린 셈이었지. 나는 벼랑 끝으로 몰렸고 모든 것을 포기하고 싶은 심정이었어. 내 삶에서 그렇게 바닥까지 떨어져 본 적은 처음이었네.

파월은 현재의 위치에서 최선을 다해야 한다고 강조했지. 그 말은 나의 가슴에 화살처럼 깊이 박혔다네. 나는 마침내 무엇을 해야 할지 알게 되었지. 나는 모든 거래처에 연락해 차근차근 돈을 갚아나가겠다고 약속했네. 그리고 단지 사업을 원상회복하는 데 그치지 않고 장기적으로 완전히 새로운 수준으로 올려놓을 수 있을 만큼 탄탄한 계획을 세웠지.

물론 이것이 누워서 떡 먹기처럼 쉬운 일이라고 말하는 것은 아니네. 나는 차라리 채권자들 중 한 명이 인내심이 바닥나 나를 파산으로 몰고 가서 앞으로 닥쳐올 모든 고난으로부터 벗어날 수 있게 해달라고 기도했던 날도 있었다네. 하지만 나는 매일 아침 침대에서 일어났고 묵묵히 일했지."

현재 자네의 자리에서 최선을 다하는 것이 반드시 지켜야 할 가장 중요한 원칙이라네.

"자네가 누구인지는 중요치 않네, 중요한 것은 때로는 묵묵히 일하는 것이라네, 켄. 내가 그 모든 순간들을 잘 이겨냈을 때, 나는 나보다 더 많은 것을 잃었던 친구에게 이 얘기를 해주었네. 유명한 미식축구선수였던 그는 축구에 대한 열정과 흥미를 잃고 말았고, 부동산 위기로 그의 자산은 한 달에 100만 달러씩 가치가 떨어졌지. 거기에 비하면 내가 진 빚은 푼돈에 불과했어. 그런데 그 역시 나처럼 해냈지.

또한 사업이 망해서 지금은 정원사로 일하고 있는 나의 처남에게도 이 이야기를 들려주었다네. 그는 매달 부어야 하는 자동차 할부금 400달러 때문에 늘 쪼들리고 있었어.

얼마를 빚지고 있든 돈의 액수는 전혀 상관 없이 우리 모두 커다란 압박감을 느꼈고 똑같은 일을 해야만 했었지. 가장 먼저 우리는 차분히 앉아서 우리가 정확히 어디에 있는지 알아내야 했어. 나는 내가 지금 어디에 있고 우리 회사가 어떤 상황에 있는지를 파악했다네. 그러면서 그동안 편의상 무시해왔던 사실을 냉정하게 바라봐야 했지. 나는 현실에 안주하고 자만에 빠져 있었던 거야. 나는 모든 것을 있는 그대로 받아들이는 법을 배워야만 했네. 그리고 그다음에는 계획을 세우고, 목표에 집중하며, 목표를 달성하기 위해 하루하루 묵묵히 일해야 했지."

"굉장히 힘드셨겠군요. 그것이 지금까지 하신 일 중에서 가장 힘든 일이었나요?"

"아니지, 내가 여태까지 겪었던 가장 힘든 일은 한 친구에게 도움을 청하는 일이었네. 조금 전에 말했던 부동산 위기를 겪었던 친구 말고 다른 친구인데, 그동안 나는 항상 모든 일을 혼자 힘으로 처리해왔다네. 독립적인 성격 탓에 모든 것을 나 혼자서 해결할 수 있다고 믿었던 거지. 물론 그것은 전혀 사실이 아님이 판명이 되었지. 나는 마침내 친구에게 조언을 구했고, 그의 조언을 통해 사업에 대해서 냉정하게 평가할 수 있었고 위기를 타개할 계획들을 세울 수 있었다네."

나는 모든 것을 있는 그대로 받아들이는 법을 배워야만 했네.
그리고 그다음에는 계획을 세우고, 목표에 집중하며, 목표를
달성하기 위해 하루하루 묵묵히 일해야 했지.

"물론, 처음에는 도움을 청하기만 하면 당장 누군가 달려와서 나
를 곤경에서 구해줄 거라고 생각했지. 하지만 이 또한 별로 도움이
되지 않는 믿음이라네. 나는 곧 곤경에 처해 있을 때, 외부의 도움
을 청하는 것은 현명하지만 한편으로 다른 사람들이 나를 위해 모
든 것을 해줄 거라고 기대해서는 안 된다는 것을 깨달았지. 아무도
오지 않네. 결국 자신의 곤경을 헤쳐 나가야 하는 것은 오로지 자
네 자신뿐이라네."

아무도 오지 않네. 결국 자신의 곤경을 헤쳐 나가야 하는 것
은 오로지 자네 자신뿐이라네.

밥은 작은 섬 주위를 둘러보았다.
"나는 그때 이곳에 자주 왔었지. 생각을 하기 위해서, 계획을 세
우기 위해서, 행동을 하기 전 준비를 하기 위해서 그리고 일상의 단
조로움을 달래기 위해서 말일세."

"당신이 세운 계획들, 묵묵히 일해 온 것, 의도적인 연습의 시간들…… 이 모든 것들이 오늘날 당신이 이 자리까지 올 수 있도록 해주었군요."

켄이 조용히 말했다.

밥은 조용히 고개를 끄덕이고는 켄을 똑바로 쳐다봤다. 그가 전하는 메시지는 간결했다.

자네도 해낼 수 있다네.

5

삶을 바꾸는 30일 공식

변화는 누구에게나 어려운 일이다

켄은 다음 멘토인 크리스를 만나기 위해 그녀의 사무실로 찾아 갔다. 안내데스크 직원에게 자신의 이름을 말하면서 이렇게 외치고 싶은 걸 참았다.

"난 대단한 사람이니 지금 당장 들어가야만 해요."

짐 코치가 이런 말을 들었으면 미간을 찌푸렸을 거라고 생각하 며, 켄은 대기실에 앉아 기다렸다.

밥과 함께 보트 여행을 다녀온 지 거의 한 달이 지났다. 한 분야 에서 진정으로 탁월해지기 위해서 얼마나 많은 시간을 연습해야 하 는가를 배우고 난 후 켄은 한동안 이 과정을 계속해나가야 하는지 회의를 느꼈다. 밥과 함께한 시간에 진심으로 감사했고 밥이 말한 모든 것이 진실임을 믿었지만, 자꾸 알 수 없는 분노가 치밀었다. 물론 짐 코치가 미리 매우 도전적인 과정일 거라고 귀띔은 해줬지만 그게 1만 시간이나 걸리는 도전일 줄은 몰랐다. 단지 1퍼센트 더 잘하기 위해서 그렇게까지 해야 할까? 지금까지 그가 시도한 변화의 성과는 들쭉날쭉했다. 그래서 이 도전을 계속해야 할지 의문이 들었다.

켄이 이번에 만날 멘토 크리스는 심리학자였고, 사람들의 학습 능력을 극대화할 수 있도록 돕는 클리닉을 운영하고 있다고 했다. 클리닉은 고객들로 붐볐다. 뇌를 단련하는 일종의 '뇌 체육관' 같은 곳이라고 짐 코치가 일전에 말한 것이 기억났다. 그래도 켄은 크리스가 어떤 일을 하는 사람인지 확실하게 느낌이 오지 않았다.

켄은 크리스를 만나면 어떻게 변명을 해서 공식적으로 이 과정에서 발을 뺄 수 있을지를 궁리해보았다. 끝까지 마치겠다고 약속은 했지만, 무슨 계약서에 서명을 한 것은 아니니까 별 문제가 없을 거라고 스스로를 위로하면서.

켄은 자신처럼 그럭저럭 삶을 살아가는 많은 보통 사람들을 알고 있었다. 그들은 도전이나 향상 같은 거창한 것을 시도할 필요를 전혀 느끼지 않았다. 켄은 이제부터 그들처럼 살겠다고 마음먹었다. 나름대로 하루하루 최선을 다해 살고 있는데 더 무엇을 어떻게 한단 말인가. 그저 주어진 것에 감사하며 꼭 필요하다고 생각하는 것 몇 가지만 목표를 세워 다짐하고 지키면 될 것이었다.

켄은 이런 속마음을 짐 코치를 만나면 말해야겠다고 다짐했다. 그러나 지난 몇 주 동안 계속해서 아들의 축구 경기가 끝나자마자 아들을 차에 태워 곧장 집으로 와버리곤 했다.

그런데 하루는 짐이 그를 그냥 가게 내버려 두지 않았다. 짐은 켄이 주차장으로 도망가 버리기도 전에 성큼성큼 다가왔다. 짐은 크리스에게 전화가 왔었다며, 켄이 연락을 하지 않아 크리스가 궁금해하고 있다고 했다.

그 순간 켄은 짐 코치가 미간을 찌푸리고 있는 것을 알아차렸다. 짐은 켄에게 그가 기본 원칙을 지키겠다고 약속한 것과 1퍼센트 해법에 대해 그가 처음에 가졌던 에너지와 열정을 상기시켰다. 결국 켄은 크리스를 만나겠다고 약속했다.

켄은 밥과 보트 여행을 다녀온 후 핵심 내용들을 즉시 노트에 적어놓았지만 그동안 그것을 한 번도 쳐다보지 않았다. 이제 그는 다시 만반의 준비를 갖추어야 한다고 생각하고 노트를 펴 그동안 배웠던 것들을 살펴보았다.

1. 최고 중의 최고가 되려면 1만 시간의 의도적인 연습이 필요하다.

2. 시간을 내어 의도적인 연습을 하는 사람들은 모두 실력이 향상될 것이다.

3. 의도적인 연습을 할 때 다음을 고려하라.

　① 내가 어떤 일을 얼마나 잘하는지, 어떻게 하면 더 나아

　　진 수 있는지 평가해보라.

　② 건설적인 피드백 시간을 가져라.

　③ 주변 사람들의 도움을 받는다면 성취할 수 있는 보다

　　높은 목표에 도전하라.

4. 자신을 남들과 비교하기보다는 자신과 비교하라.

5. 미리 계획을 세우고 목표를 정하라. 하지만 현재의 위치에

　서 최선을 다하라.

켄은 크리스의 사무실로 들어가면서 자신이 이 과정에 대해 의문을 품었기 때문에 크리스가 실망했거나 어쩌면 화가 났을지도 모른다고 생각했다. 그러나 막상 그녀가 편안한 의자와 차를 권하고 마치 친한 친구처럼 그의 말에 귀 기울여주자 고맙기도 하고 놀랍기도 했다.

크리스는 켄이 이 과정에 대해 어떻게 생각하고 있는지 짐 코치에게 미리 들었다며 이제 켄에게 직접 듣고 싶다고 말했다. 맞은편에 앉은 그녀는 매우 차분해 보였고 켄의 말에 주의를 기울이고 있었다.

"크리스, 1퍼센트 해법이 당신과 이 모임의 다른 사람들에게 많은 도움을 주었다는 것을 나도 알아요. 하지만 나는 더 이상 이 과

정을 해낼 수 없을 것 같아요. 아무리 생각해봐도 1만 시간을 연습할 엄두가 안 나요. 그리고 할 수 있다고 해도, 1만 시간을 노력해서 겨우 1퍼센트 더 나아질 뿐이라면 무슨 소용이 있겠어요?"

"음…… 그게 큰 부담이 되는군요. 그럼 좀 더 쉽게 생각해보죠. 만일 당신이 일정한 기간 안에 자신이 향상되는 것을 보기 시작한다면 어떨까요? 켄, 카를로스 말로는 당신이 가끔 골프를 친다던데…… 맞나요?"

"네. 대략 한 달에 한 번 정도 쳐요."

"좋아요, 브리티시 오픈이나 US 오픈 혹은 마스터스에서 우승할 정도의 기량을 갖추기 위해서는 적어도 1만 시간 정도는 시간을 내서 연습해야 할 거예요, 그렇죠?"

"그렇겠죠, 밥과 이야기를 나눈 뒤에 관련 자료들을 좀 찾아봤어요. 그래서 여러 사례들이 그 사실을 입증하고 있다는 것을 알게 되었어요."

"어떤 일을 그 정도 시간만큼 해야 한다면 시작하기도 전에 주눅부터 들기 마련이죠. 그건 나도 인정해요. 하지만 당신이 적어도 일주일에 한 번 골프 라운딩을 하기로 마음먹고, 정기적인 레슨을 받고, 하루에 한 시간 동안 스윙 연습을 하고, 비디오테이프를 보며 스윙을 분석하고 또한 관련 교재를 읽는다고 가정해보죠. 그러면 나는 당신의 골프 실력이 지금보다 적어도 1퍼센트 이상 향상된다는 쪽에 걸겠어요."

"그래요, 나 역시 그럴 거예요. 1퍼센트 향상되는 것이 전혀 나아지지 않은 것보다 분명히 더 좋겠죠. 하지만 겨우 1퍼센트 나아지기 위해 그토록 연습할 만한 가치가 있는지는 모르겠어요."

"좀 더 길게 볼 필요가 있어요, 켄. 당신이 그런 새로운 습관을 유지함으로써 매주 1퍼센트씩 더 향상될 수 있다고 생각해봐요."

그녀는 켄이 이해할 수 있도록 잠시 멈추었다가 계속 말을 이었다.

"두 번째 주에 1퍼센트가 더 나아진다는 것은 처음 수준에서 1퍼센트 더 나아진 뜻이 아니에요. 당신은 이미 1퍼센트 더 향상되었기 때문에 이제 향상된 위치에서 다시 1퍼센트가 더 나아지게 되는 거예요."

"그러니까 마치 은행 예금에 복리로 이자가 붙는 것과 같다는 말씀인가요?"

크리스가 미소를 지으며 대답했다.

"맞아요. 이자에 이자를 더해 계속해서 저축을 불려나가는 것처럼, 기술을 향상시키는 데에도 눈덩이 효과가 똑같이 적용돼요. 당신의 기술 은행에 계속해서 의도적인 연습을 투자하세요. 그러면 당신은 지속적으로 발전할 수 있어요. 세 달이나 여섯 달 후에는, 당신은 처음 시작했던 곳에서 1퍼센트 향상되는 데 그치는 것이 아니라, 그보다 훨씬 더 많이 앞으로 나아가게 될 거예요. 그리고 당신이 의도적인 연습을 삶의 일부로 만든다면, 복리로 축적되는 향상에는 끝이 없을 거예요, 켄."

"정말 솔깃한 얘기네요. 하지만 내가 원하는 결과를 얻기 위해서 이 방법이 최선일까요? 난 이 방법이 가장 쉽고 빠른 길이라는 데 에는 여전히 확신이 서질 않아요."

"그럼 당신이 생각하고 있는 다른 방법이 있나요?"

"네, 사실 나는 연초에 이미 '새해 목표'를 세웠어요."

켄은 이렇게 말하며 노트를 펼쳐 거기 적혀 있는 목록을 크리스 에게 보여주었다.

"이것은 내가 1월 1일부터 실행하기로 작정한 것들이에요. 이렇 게 결심을 하고 나면 내 자신을 바꾸는 데 도움이 되죠. 그리고 다 음 년도가 되면 다시 새로운 '새해 목표'에 세우고 그것들을 해낼 때까지 도전하면 되고요."

켄은 자신의 계획에 이 심리학자가 감명을 받을 것이라고 생각 했다. 그러나 크리스는 머리를 한쪽으로 기울이고 켄을 찬찬히 바 라볼 뿐이었다.

"우선 당신의 좋은 의도에 박수를 보내고 싶네요, 켄. 당신이 자 신과 가족, 친구, 동료들에게 보다 나은 사람이 되기 위해 노력한다 는 것은 분명 훌륭한 일이에요. 하지만 그러한 방법을 택하기 전에, '새해 목표'를 세우는 것이 얼마나 효과적인가에 대한 지금까지의 연구내용을 한번 들어보는 게 어떻겠어요?"

"좋아요. 내게도 도움이 될 것 같군요."

"연구 결과에 따르면 새해 목표를 세우는 것은 거의 효과가 없는 것으로 나타났어요. 영국에 있는 한 대학의 심리학 교수인 리처드 와이즈맨이 새해 목표를 세운 사람들을 대상으로 조사했는데, 88퍼센트의 사람들이 새해 초에 세운 목표를 지키는 데 실패했어요. 결국 당신이 새해 목표로 써놓은 것들을 지킬 수 있는 확률이 고작 10퍼센트 조금 더 된다는 말이죠."

"그것밖에 안 된단 말이에요?"

켄은 놀라 소리쳤다. 만약 새해 목표를 지키는 데 내기를 건다면, 그 정도의 가능성으로는 절대 돈을 걸지 않을 것이다.

새해 목표를 세우는 것은 거의 효과가 없어요. 88퍼센트의 사람들이 새해 목표를 지키는 데 실패했어요.

"물론 당신의 의지와 능력을 의심하는 것은 아니에요."

크리스는 켄을 안심시켰다.

"다만, 새해 목표를 세우는 것이 당신의 목표를 이루는 데 그리 효과적인 방법은 아니라는 거죠. 그리고 심리적으로 나쁜 영향을 끼칠 수도 있어요."

"더 나은 사람이 되기 위해 목표를 세우는 일이 어떻게 나쁜 영향을 끼칠 수 있다는 거죠?"

"많은 사람들이 매년 새해 목표로 세우는 것들은 대체로 비슷해요. 다이어트, 건강, 직장, 대인관계, 돈 등등. 문제는 목표로 잡는 것들이 너무도 광범위하고 지금 당장 실현하기가 거의 불가능한 것들이 많다는 거죠. 목표란 우리 자신이 스스로에게 하도록 요구하는 것이에요. 당신이 새해에 목표한 것들 중 어떤 것이든 이룬 것이 있나요?"

켄은 목록을 다시 살펴보았다. 그리고 자신 없는 말투로 애써 "예."라고 대답했다. 그는 자신의 삶을 바꿔놓을 커다란 변화를 시도했다. 아니, 그랬다고 생각했다.

"당신은 마치 새해 목표가 사람들을 실패의 길로 이끈다는 듯이 말하고 있군요."

"그래요, 켄. 목표 달성에 실패하면 사람들은 자기통제력을 상실하는 경향이 있어요. 당신은 분명 1월 1일부터 절대로 초콜릿을 한 조각도 먹지 않겠다거나 담배를 한 개비도 피우지 않겠다고 결심했던 사람들을 알고 있을 거예요. 그 사람들은 처음에는 살을 1킬로그램 빼기도 하고 1주일 동안 금연에 성공하기도 하죠. 그런데 어느 순간부터 더 많이 먹고, 더 자주 담배를 피우죠. 우리의 결심은 대부분 자신감과 연관이 있어요. 그렇기 때문에 실패하면 의기소침해지고 기분이 우울해져요. 심지어 절망감에 사로잡히기도 하죠. 내가 말하는 나쁜 영향이란 바로 이런 거예요."

켄은 앞에 있는 커피 테이블에서 밝은 색깔의 스트레스볼(긴장을 완화시키기 위해 손에 쥐는 작은 고무공—역주)을 집어 들었다. 그리고 스트

레스볼을 주물럭거리며 크리스가 방금 전에 말했던 것에 대해 곰곰
이 생각해보았다.

"왜 그렇게 변하기가 힘든 것일까요? 아마도 정신력 문제겠죠."

"맞아요, 켄. 결심을 지키는 데 자주 실패하는 중요한 이유 중 한
가지를 잘 집어냈어요. 오늘날 전 세계적으로 의지박약이 만연해
있어요. 1월의 첫째 주가 끝날 무렵에는 새해 결심을 한 사람들 중
75퍼센트만이 그걸 지켰어요. 이 말은 네 명 중 한 명은 결심을 고
작 일주일도 지키지 못할 만큼 의지가 약하다는 뜻이죠. 몇 주가 지
나면, 점점 더 많은 사람들이 포기하고 말아요. 사실, 오로지 정신
력 하나에만 의존해서 지속적인 변화를 만들어내기는 힘들어요."

1월의 첫째 주가 끝날 무렵에는 새해 결심을 한 사람들 중 75
퍼센트만이 자신의 결심을 지켰어요. 이 말은 네 명 중 한 명
은 결심을 고작 일주일도 지키지 못할 만큼 의지가 약하다는
뜻이죠.

"하지만 자기가 결심한 것을 지키려고 온 정신을 집중하고 이를
악물고 노력하는 사람들도 있잖아요?"

"아주 소수의 사람들만이 그렇게 해서 성공하죠. 정신력만 가지
고 성공한 사람들은 매우 드물어요."

크리스는 옆 선반 위에 놓여 있는 사람의 두뇌 모형을 집어 들었

다. 그리고 그것을 위로 들어 올려 앞쪽을 가리키며 말했다.

"이마 바로 뒤에 있는 이 부분이 인간의 의지력을 관장하는 곳이에요. 이 부분은 몇 가지 기능을 맡고 있어요. 집중할 수 있게 하고, 단기 기억을 다루며, 복잡한 문제들을 해결하는 데 도움을 주죠. 그런데 두뇌의 이 부분에 오래된 습관을 갑작스럽게 바꾸도록 의지력을 발휘하라고 주문하는 것은 무리한 요구예요. 우리의 뇌는 우리가 일상적으로 하는 습관을 기억하거든요. 당신은 뭔가를 매번 무의식적으로 똑같은 방식으로 할 거예요. 그것은 당신이 하는 모든 일을 의식적으로 결정하려면 너무도 힘이 들기 때문이죠. 예를 들어 당신이 이를 닦을 때 어떻게 하는지 생각해보세요."

켄은 머릿속으로 이를 닦는 상황을 떠올리고는 매번 같은 장소에서 시작해 똑같은 행동을 반복하고 있다는 것을 깨달았다.

크리스는 모형을 다시 선반으로 가져다 놓았다.

"이제 운동을 하나 같이 해볼까요? 팔을 앞쪽으로 뻗어서 두 손을 맞잡아보세요."

켄은 크리스가 말한 대로 따라했다.

"한쪽 엄지손가락이 위로 올라가 있는 게 보이죠."

"네, 보여요."

"이제 양손을 풀고 이번에는 다른 엄지손가락이 위로 오게 다시 맞잡아보세요. 그렇게 하니까 느낌이 어때요?"

"좀 이상해요. 내가 두 손을 맞잡을 때 늘 같은 쪽으로 잡는다는 걸 전혀 몰랐어요. 지금 다른 방식으로 해보니까 왠지 부자연스럽고 어색하네요."

"자, 손을 풀어도 돼요, 켄. 이제 카를로스가 당신에게 한 달 동안 시도해보라고 격려했던 행동을 처음 시작했을 때를 다시 생각해보세요. 그때 어떤 느낌이 들었나요?"

"그러고 보니까 정말 방금 전에 느꼈던 것과 같은 느낌이었던 것 같네요. 무언가를 새로운 방식으로 한다는 것이 전혀 자연스럽지 않았어요. 마치 다른 누군가가 된 것만 같았고 왠지 불편했어요."

"좋아요, 켄. 아까 뇌의 작동 원리에 대해서도 설명했듯이, 만약 당신이 무언가 새로운 것을 시도했을 때 전혀 불편함을 느끼지 않았다면 나는 오히려 당신의 정신 건강을 염려했을 거예요. 당신이 불편하고 어색하게 느꼈다는 건 당신이 지극히 정상이라는 것을 말해주는 거예요. 그러니까 불편한 느낌은 더 이상 신경 쓰지 말아요. 우리가 중요하게 생각해봐야 할 문제는 '이러한 불편함을 극복할 수 있는가? 그리고 그 변화를 적어도 한 달 동안 유지할 수 있는가?' 하는 것이에요."

켄은 약간 겸연쩍은 표정을 지으며 대답했다.

"새로운 행동을 시도할 때마다 나 스스로 불편하다고 느끼거나 또는 주위 사람들을 불편하게 만든 것 같아 실은 중간 중간 빼먹기 시작했어요. 그리고 빼먹는 날이 많아질수록 다시 시작하기가 더 어려워졌고요."

"그래서 결국 당신의 오래된 습관으로 되돌아오고 말았겠죠?"

"네, 그래요. 자연스럽게 다시 오래전의 상황으로 되돌아가버리는 것 같아요."

"집 안의 온도와 비슷하죠. 온도조절장치에 적정한 온도를 설정해놓으면, 온도가 조금씩 오르내리며 변동은 있지만 결국은 설정해놓은 온도로 돌아오게 되죠."

크리스의 말에 켄은 고개를 끄덕였다.

"켄, 사람도 이와 똑같아요. 자신에게 익숙한 상황으로 돌아가려는 경향이 있어요."

"그렇군요. 솔직히 말하면 난 가끔은 새로운 것을 시도하며 애써 노력하는 일이 부질없게 느껴져요. 이렇게까지 피곤하게 살 필요가 있나 싶죠. 바꾸기 어려운 것들을 바꿔보려고 쓸데없이 에너지를 낭비하는 게 현명한 일인가 하는 의문도 들고요. 만약 내가 무언가를 연습하는 데 시간을 써야 한다면, 내게 주어진 삶 속에서 행복하게 사는 법을 연습하는 게 더 낫지 않을까요?"

"정말 그렇게 생각하나요, 켄? 당신이 새해 목표를 준비해가지고 이곳에 왔다는 사실은 내게 아주 중요한 것을 말해주었어요. 연구 결과에 따르면 사람들은 자신이 행복하지 않다고 느낄수록, 새해 목표를 세우게 될 가능성이 더 높다고 해요."

크리스는 잠시 말을 멈추었다. 켄이 자신의 삶을 진정으로 변화시키고 싶어 한다는 것을 깨닫고, 이 과정을 시작했을 때 가졌던 느낌을 되살려 낼 수 있도록 하기 위해서였다.

"사람들은 때로는 변화를 두려워하지요. 만약 엄마 품에서 아기를 떼어놓는다면 아기는 어떻게 반응할까요?"

"우리 아이들을 한동안 보모가 돌보았던 때가 있었어요. 아내에게서 떼어내면 아이들은 울음을 터뜨렸죠, 엄청 크게 울었어요."

"만약 내가 어른들 대부분이 아직도 여전히 공포에 찬 아이처럼 군다고 말한다면 당신은 많이 놀라겠죠? 아마도 아이처럼 발로 차고 비명을 지르진 않겠지만, 변화에 직면했을 때 당신의 내면에서도 이와 비슷한 일이 일어날 거예요. 심지어 당신 스스로 변화를 시도할 때도 마찬가지죠. 발로 차고 비명을 지르는 유아적 반응은 아기에게는 유용한 방법이 될 수 있어요. 하지만 당신은 이제 그만할 때가 됐어요."

켄은 변화를 맞닥뜨릴 때마다 당황했고 혼란스러웠다. 긍정적인 변화조차도 마찬가지였다. 그런데 이제 변화에 저항하는 일을 그만두라니, 이 얼마나 마음 편한 일인가. 하지만 말처럼 쉬운 일은 아니었다.

"하지만 의지력이 그렇게 믿을 만한 것이 아니고 우리의 뇌가 그렇게 무의식적으로 매번 같은 행동을 하도록 설정되어 있다면, 내가 정말로 변할 수 있기는 할까요?"

크리스는 켄에게 스트레스볼을 던져 달라는 신호를 보냈다.

"힘들 것 같죠? 그런데 좋은 소식이 하나 있어요. 바로 우리의 뇌가 재구성될 수 있다는 거예요. 이 스트레스볼처럼 말이에요."

크리스가 스트레스볼을 꽉 움켜쥐며 말했다.

"바로 신경가소성 때문이에요. 우리의 뇌는 이 스트레스볼처럼 일단 어떤 형태로 모양이 잡히면 본래 모양으로 쉽게 돌아가지 않아요. 그러니까 우리는 이 스트레스볼처럼 뇌를 새롭게 다시 구성할 수 있어요."

크리스는 공을 켄에게 다시 던져주면서 말했다.

"당신이 무언가를 배우거나 새로운 일을 시도할 때, 뇌 속에 있는 신경세포는 새로운 연결과 경로를 만들어나가죠. 뇌가 당신이 부여한 새로운 일을 처리하기 위해 물리적으로 변하는 거예요. 이게 무엇을 의미하는지 알겠어요? 바로 당신이 지속적인 변화를 이끌어내려면 뇌를 새롭게 구성하기만 하면 된다는 뜻이에요."

"정말요? 하지만 어떻게요? 뭔가 좋은 방법이 있나요?"

켄이 웃으며 말했다.

"그 방법은 놀랍도록 단순해요."

크리스가 환하게 미소를 지으며 대답했다.

"우선 당신이 새롭게 시도하고 싶은 한 가지 습관, 즉 어떤 일을 하는 방법을 선택하세요. 그리고 작지만 구체적인 변화를 만드세요. 우리가 지금까지 이야기했던 엄청나게 거창한 새해 목표같이 너무 광범위하거나 어려운 것을 선택하면, 실패하고 좌절할 확률이 높아요."

당신이 무언가를 배우거나 새로운 일을 할 때,

뇌 속에 있는 신경세포는 새로운 연결과 경로를 만들어나가죠.

당신이 지속적인 변화를 이끌어내려면 뇌를 새롭게

구성하기만 하면 돼요.

"일단 내가 원하는 변화를 선택하고 난 다음엔 어떻게 해야 하죠?"

"30일 동안 매일매일 그 새로운 습관에 적응하세요. 그러면 30일 후에는 그 습관에 익숙해지게 될 거예요."

"정말요?"

"그렇고말고요, 켄. 그렇게 되면 예전만큼 의식적으로 노력할 필요가 전혀 없게 돼요. 그러고 나서 또 다른 작은 변화를 시도하고, 한 달 동안 매일 연습을 하고, 다시 또 다른 변화를 향해 나아가는 거지요. 이렇게 하면 당신은 매년 적어도 열두 가지를 영원히 바꿀 수 있어요. 그리고 당신 자신과 당신의 삶을 계속해서 개선시켜 나가기를 원하는 한 끝없이 앞으로 나아갈 수 있어요."

"대체 마법의 숫자 30일은 어떻게 해서 나온 건가요?"

"작가이자 위대한 사상가이고 성형외과의사이기도 한 맥스웰 말츠라는 사람한테 배운 거예요. 이 사람은 자신이 성형수술을 한 환자들이 평균적으로 21일이 지나야 자신의 바뀐 외모에 익숙해진다는 사실을 발견했어요. 또 뇌가 새로운 일과 새로운 연결에 적응하는 데 최소한 21일이 걸린다는 사실도 발견했고요. 그래서 긍정적인 습관을 만들거나 부정적인 습관을 극복하기 위해서는 최소한 21일간의 의식적인 노력이 필요한 거예요."

긍정적인 습관을 만들거나 부정적인 습관을 극복하기 위해서는 최소한 21일간의 의식적인 노력이 필요해요.

"내가 해보니까 30일로 생각하고 실천하는 편이 더 도움이 돼요. 달력에 표시하기 쉽고 그 과정을 파악하기가 더 편리하기 때문이죠. 30일 과정으로 시작하면 최소 시한인 21일을 확보할 수 있을 뿐만 아니라 새로운 행동을 당신의 일상생활에 완전히 자리 잡게 만들 수 있어요."

"이 방식이 사람들에게 실제로 효과가 있었나요?"

"우리 클리닉에 오는 사람들한테도 많은 효과가 있었죠. 물론 모든 1퍼센트의 사람들에게도 통하는 것을 봤고요. 사실, 나 자신도 최근에 이 방식을 통해 대단한 변화를 경험한 적이 있어요. 아마 당신이 얼마 전에 왔더라면 내 책상에 쌓여 있는 엄청나게 많은 심리학 잡지들을 보고 무척 당혹스러웠을 거예요. 어쩌다 일주일째 잡지에 신경을 안 쓰고 넘어갔고 또 다음 일주일을 그냥 넘겼더니, 갑자기 산더미처럼 쌓여 도저히 감당할 수가 없더라고요.

그래서 나는 한 달 동안 새로운 습관을 만들기로 마음먹었어요.

우선 새로 도착하는 잡지들을 읽고, 매일 쌓여 있는 잡지 더미에서 한 권을 꺼내 집으로 가져가 읽고 난 뒤 철해서 간직하고 싶은 기사들만 잘라내고 나머지 부분들을 재활용 바구니에 던져 버렸어요. 금요일에는 주말에 읽기 위해 몇 권 더 가져갔어요. 두 달을 그렇게 했더니 산더미처럼 쌓였던 잡지 더미가 모두 없어졌어요. 그리고 6개월이 지났지만 잡지 산더미가 다시는 생기지 않았어요.

어떻게 보면 우디 앨런의 명언이 생각나기도 해요. '성공의 8할은 일단 출석하는 것이다.' 그 말처럼 일단 시작하는 게 중요하고 그렇게 한 발씩 내딛다 보면, 당신은 곧 원하는 곳에 도착해 있을 거예요. 기말 리포트를 한 번에 한두 페이지씩 작성하거나, 잡지 더미들이 쌓이지 않게 하는 것처럼 당신이 목표한 것들을 지속적으로 하는 것, 이것이 바로 비결이에요. 어떤 분야에서든 성공한 사람들은 모두 이렇게 해왔어요."

성공의 8할은 일단 출석하는 것이다.

켄은 새해 목표 목록을 다시 집어 들었다.

"그러니까 내가 이 거창한 목표들을 작지만 실행할 수 있는 행동으로 바꾸어, 30일 동안 해내면서 습관을 만들어간다면 지속적으로 변할 수 있다는 말인가요?"

"반드시 그렇게 될 거예요. 만일 그래도 당신이 계속해서 새해 목표를 지키고 싶다면 구체적인 행동을 먼저 정하고 1월 한 달 동안에 적어도 1퍼센트만큼 나아지겠다는 결심을 하세요. 그리고 목표를 달성할 수 있도록 도와줄 프로그램을 짜고 1월 한 달 동안 매일 연습하세요. 그렇게 하면 그 습관이 어느 정도 자리를 잡아갈 것이고 계속해서 앞으로 나아갈 수 있을 거예요."

"처음 30일이 가장 힘들 것 같은데, 그 시기를 성공적으로 마무리할 수 있는 좋은 방법은 없나요?"

"새로운 습관에 익숙해지기 위해 노력하는 동안 스스로에게 충분한 보상을 해주세요. 친구에게 당신의 목표를 말하고 도움을 받아도 좋고요. 그리고 실패할 것을 생각하지 말고, 성공했을 때 그 결과가 얼마나 대단할지를 생각해봐요. 또 새로운 습관을 적고 변해가는 과정을 일기로 기록하는 것도 도움이 돼요. 만약 새로 시도하려는 습관들이 서로 관련이 있다면 함께 도전해도 되고요. 예를 들어 다이어트와 건강관리 같은 경우 말이에요. 하지만 그렇지 않을 경우에는 한 번에 한 가지 습관씩 도전하는 것이 성공 가능성이 더 높아요.

내가 잡지 더미 문제를 해결한 것은 그저 한 가지 예에 불과할 뿐이에요. 당신이 무언가를 어떤 방식으로 하고 있든 1퍼센트만큼 바꾸는 것은 가능해요. 심지어 당신이 생각하고 느끼는 방식들조차도 말이에요."

켄은 약간 어안이 벙벙해져 노트에 적다 말고 고개를 들어 크리스를 올려다보았다.

"하지만 어떻게 생각하고 느낄지는 미리 계획할 수 없는데요. 그냥 반응할 뿐이죠. 어떻게 생각이나 감정을 조절하거나 바꿀 수 있다는 건가요?"

"우리가 가진 가장 명백한 습관은 행동하는 거예요. 어떤 행동들은 긍정적이죠. 예를 들어 매일 아침 당신이 습관적으로 이를 닦고 매트 위에서 20분 동안 요가를 하는 것 같은 거요. 반면에 어떤 행동들은 부정적인 영향을 주죠. 이를 닦은 후에 담배를 피우는 것처럼 말이죠."

다행스럽게도 켄은 흡연자가 아니었지만 매일 습관적으로 하고 있는, 그다지 긍정적이지 못한 몇몇 행동들이 떠올랐다.

"당신이 행동하는 동안 당신의 머릿속에서는 늘 일종의 중계방송이 진행되고 이로 인해 다른 여느 습관들 못지않은 강력한 정신적인 습관이 구축되죠. 정신적 습관들 또한 긍정적일 수도, 부정적일 수도 있어요. 당신은 이를 닦는 동안에도, 아마도 자신감이나 목적의식을 가지고 혹은 불안감이나 따분함을 가지고 그날 있을 일에 대해 생각할 거예요."

"그러니까 나 자신이나 상황에 대해서 지금과는 다른 방식으로 생각하고 느낄 수도 있다는 거죠? 하지만 나는 틀에 갇힌 것처럼 언제나 같은 방식으로 생각하고 느끼는 것 같아요. 마치 습관처럼요."

"맞아요. 많은 사람들이 그러죠. 켄, 혹시 직장 상사가 당신에게 고함지르거나 야단을 친 적이 있나요?"

켄은 크리스의 말에 겸연쩍게 웃으며 고개를 끄덕였다.

"아하, 그럼 당신이 보통 사람이라는 것이 입증되었네요! 자, 이제 그런 경험을 '촉발 사건'이라고 해보죠."

그녀가 큰 메모장에 그 단어를 적었다.

"그때 당신은 어떤 느낌이 들죠?"

"당연히 화가 나고 의욕이 꺾이고 기분이 가라앉죠."

"그런 느낌들은 '결과'라고 부를게요."

크리스가 그 단어 역시 같은 메모장에 적으면서 말했다.

"상사에게 그런 대우를 받을 때, 보통은 그냥 참고 말겠죠. 하지만 그러지 않고 다른 반응을 보일 수도 있을까요?"

"글쎄요, 사표를 집어던질 수도 있겠죠."

"좋아요, 이제 내가 대학원에서 교수님의 연구를 돕기 위해서 친구 두 명과 같이 아르바이트를 했던 얘기를 해볼게요. 교수님은 정말 다혈질이었죠. 하루는 교수님이 연구실에 들어오자마자 폭발했어요. 우리에게 일하는 게 형편없다고 고래고래 소리를 지르며 난리를 쳤죠. 교수님이 목청을 높이자마자, 내 친구 신디는 울음을 터뜨렸고 결국 일을 그만두고 말았어요. 그녀는 교수로부터 실력이 없다고 낙인찍혀 절대로 인정받지 못할 게 분명하다고 말했죠. 그러고 나서 신디는 아예 전공을 바꿔버렸어요. 꿈이 심리학자가 되는 것이었는데도 말이에요.

그런데 다른 친구인 빌은 '아마도 교수님한테 뭔가 안 좋은 일이 있었을 거야.'라고 생각하고 그냥 넘겼어요. 그러고는 늘 해왔던 대로 머리를 숙이고 묵묵히 일했어요, 마치 아무 일도 없었다는 듯이 말이에요."

"당신은 어땠는데요, 크리스?"

"나도 처음엔 충격 받고 화가 났어요. 그래서 바깥으로 나가 잠시 걸으며 내 자신을 추슬렀어요. 그리고 교수님이 한 말을 곰곰이 생각해보았죠. 분명 지나치긴 했지만 한편으로는 이해가 되었어요. 나는 다시 실험실로 돌아와 새로운 방식으로 시도해 보기로 마음먹었어요. 그리고 마침내 성과를 냈고, 이 짧은 연구 보조 업무는 그 후 나에게 훌륭한 경력이 되어주었어요."

"당신 세 사람 모두 똑같은 촉발 사건을 겪었음에도 결과는 각기 달랐군요."

"바로 그거예요. 우리들 대다수는 촉발 사건이 결과를 만든다고 생각하죠. 상사가 소리 질러서, 당신은 분노를 느끼고 기분이 가라앉았다고 말이죠. 하지만 당신을 결과로 이끄는 것은 촉발 사건이 아니에요. 촉발 사건이 일어난 뒤 당신을 그런 식으로 느끼고 행동하게 만드는 것은 당신의 믿음이에요."

이렇게 말하고 나서 그녀는 도표에 한 단어를 추가했다.

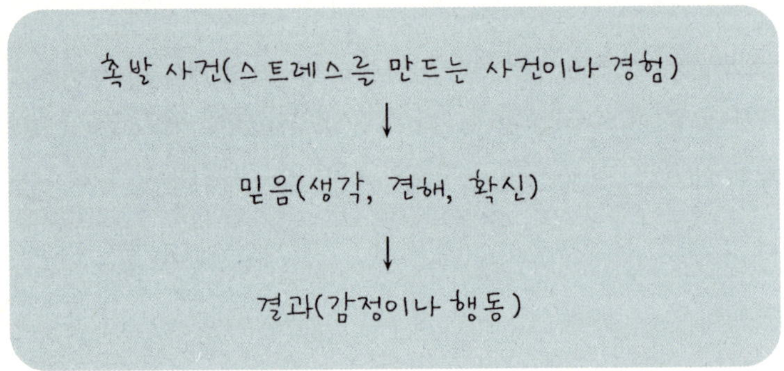

"당신은 세상에 태어날 때, 그러한 믿음이나 생각을 갖고 태어나지 않았어요. 경험을 통해 서서히 갖게 된 거죠. 아마도 당신은 나나 내 친구들 혹은 다른 그 누구와도 완전히 다른 믿음들을 갖고 있을 거예요."

"크리스, 이게 1퍼센트 해법과 어떤 연관이 있는 건가요?"

"믿음은 당신으로 하여금 어떠한 방식으로 느끼고 행동하게 만들기 때문에 당신이 목표를 성취할 수 있도록 도와주지요. 혹은 반대로 당신을 정체시키기도 하고요. 지극히 중요한 1퍼센트를 얻고 지속적으로 발전하기 위해서는, 한 걸음 물러서서 당신의 믿음을 바라보고 그것들이 당신에게 도움이 되지 않는다고 판단되면 바꿔

나갈 필요가 있어요."

"당신은 정말 믿음을 바꿀 수 있나요?"

"당연히 바꿀 수 있죠. 인간은 상상을 할 수 있는 동물이에요. 물론 상상력이 불리하게 작용할 수도 있어요. 예를 들어, 교수님의 폭발 때문에 신디가 처한 비극을 보세요. 반대로 상상력이 당신에게 유리하게 작용하도록 할 수도 있어요. 그 비결은 '아직(yet)의 힘'이에요."

당신은 믿음을 바꿀 수 있어요.
비결은 '아직(yet)의 힘'이에요.

"켄, 당신이 아직 이루지 못한 꿈이나 목표 중 한 가지만 말해봐요."

켄은 생각나는 여러 가지 중에서 하나를 골라 말했다.

"나는 백만장자가 아닙니다."

"그렇게 말할 때 어떤 느낌이 드나요?"

"약간 처량 맞은 느낌이 들죠."

"그래요, 이제 그 문장에 '아직'이라는 말을 넣어보세요."

"나는 아직 백만장자가 아닙니다."

켄의 얼굴에서 미소가 번졌다.

"이거 참 놀랍군요, 크리스. 아직이라는 단어 하나를 더한 것이

미래에 대한 관점을 순식간에 바꿔버리다니요. 이제 보다 긍정적인 느낌이 들고 마치 그렇게 되기 위해 끊임없이 노력해야만 할 것 같은 생각이 드는데요. 또 에너지가 솟구쳐 오르는 기분이에요."

"그건 전혀 놀라운 일이 아니에요, 켄. 몸과 마음은 강하게 이어져 있기 때문이죠. 마음에 따라 몸도 변하는 법이에요. 한 연구에 따르면, 농구 자유투 연습을 하루에 20분씩 3주 동안 한 사람들은 자유투 성공률이 24퍼센트가 높아졌어요. 하지만 그것보다 더 놀라운 것은, 실제로 공을 던지지 않고 20분 동안 자유투하는 것을 마음속으로 그렸던 사람들의 성공률도 23퍼센트가 높아졌다는 거예요."

"그건 긍정의 힘인가요?"

"아니요."

크리스가 다소 과장하듯 머리를 흔들면서 말했다.

"그들은 단지 '좋은 생각'을 하는 것만으로 그친 것이 아니에요. 마음속으로 공을 들고 자유투 라인에 서서 두세 번 공을 튀긴 뒤, 자세를 잡고 슛을 한 다음 공이 골대 속으로 떨어지는 것을 머릿속으로 상상했어요. 흥미로운 것은 그런 시각화를 경험할 때 자유투 행위에 쓰이는 근육들이 실제로 슛을 할 때처럼 움직였다는 거예요."

"와, 놀라운데요. 만약 마음이 그렇게 몸을 바꿀 수 있다면, 몸도 분명 마음을 바꿀 수 있겠군요."

"좋은 지적이에요. 간단한 운동으로 당신의 생각을 더욱 긍정적으로 바꿀 수도 있어요. 만일 당신이 원한다면 지금 당장 시도해볼 수 있는 운동 하나를 알려줄게요."

"제발, 부탁해요."

마음이 몸을 바꿀 수 있다면 몸도 마음을 바꿀 수 있다.

"먼저 당신의 벨트 버클을 내려다보세요."

켄이 그렇게 하자 크리스는 자신의 시계를 들여다보았다. 10초가 지난 뒤 그녀는 여전히 아래쪽을 내려다보고 있는 켄에게 기분이 어떤지 물었다.

"좀 피곤해요. 정말 힘든 한 주였어요."

"좋아요, 이제 턱을 들고 가슴을 활짝 펴세요."

켄이 그녀의 말대로 하자, 그녀가 다시 물었다.

"이제는 느낌이 어때요?"

"음…… '아직'이라는 말을 문장에 집어넣었을 때와 기분이 비슷한데요. 몸이 더 가벼워졌고 머릿속도 좀 더 개운해지는 기분이에요."

"당신이 전력투구하고 있는 어떤 것이 잘 안되어 기운이 빠질 때는 이 운동과 '아직의 힘'을 사용해보세요."

켄은 이제야 왜 짐 코치가 이 과정을 끝까지 포기하지 않겠다고 약속하게 했는지 이해할 수 있었다. 이제 켄은 짐이 경고했던 난관들을 극복할 수 있을 것 같았다. 더 강해지고 에너지가 샘솟는 것 같은 기분이 들었다.

"크리스, 고마워요. 오늘 알려준 것들을 잘 기억해서 매일 1퍼센트씩 발전할 수 있도록 노력해볼게요. 하지만 난 꼭 지키겠다고 약속했던 첫 번째 변화를 잘 이끌어내지 못했어요. 이것 참 큰 문제 아닌가요?"

"사실 그것은 좋은 징조예요, 켄. 연구 결과에 따르면 성공적으로 변화를 이끌어낸 사람들도 초기에는 자주 지키지 못했대요. 하지만 그들이 보통 사람들과 다른 점은 실수를 재앙으로 생각하지 않고, 잘못된 부분을 거울삼아 의지를 더 굳건히 했다는 거예요. 실수가 반드시 실패로 이어지지는 않으니까요."

실수가 반드시 실패로 이어지지는 않는다.

켄은 이미 머릿속으로 한 가지 습관을 1퍼센트씩 바꾸기 위해 내일부터 어떻게 시작할지 계획을 세우고 있었다.

6

휴식의 비밀

최고의 성과는 휴식에서 나온다

2주 동안, 켄은 새로운 습관 하나를 정해 계속 시도해 보았고, 점점 기분이 좋아졌다. 처음 시도했을 때에는 몹시 힘들기도 했지만, 단 하루도 빼먹지 않고 해낸 결과 이제는 새로운 습관이 점점 익숙하고 편하게 느껴졌다. 그리고 그가 더 편안해지고 자신감을 가질수록 주변 사람들에게서 더욱 긍정적인 반응이 되돌아왔다.

켄은 크리스와 만났을 때 정리했던 '해야 할 일 목록'을 매일 잠깐씩 시간을 내 읽곤 했다. 이 목표들을 기억하는 것이 새로운 습관을 유지하는 데 도움이 되었다. 켄은 벤치에 앉아 마지막 멘토인 제프를 기다리며 다시 목록을 읽었다.

● 해야 할 일

1. 당신의 습관을 30일 동안 매일 연습해서 본능적으로 할 수 있게 만들어라.

2. 다른 습관도 마찬가지다. 한 번에 하나씩 만들어나가라.

3. 당신의 믿음이 당신의 행동에 영향을 준다는 것을 명심하라.

4. 부정적인 믿음들을 목표를 성취하는 데 도움이 되는 긍정적인 믿음으로 바꾸어라.

5. 실수가 실패로 이어지지 않게 하라.

켄은 마지막 항목을 보고 싱긋 웃었다. 그게 제일 마음에 드는 충고였다.

켄이 지금 있는 곳은 매우 가파르고 험한 산 밑자락이었다. 이 산은 울트라마라톤 대회를 앞두고 열심히 훈련하고 있는 전 올림픽 철인3종경기 선수 제프에게는 아마도 작은 언덕에 불과할 것이다.

산을 올려다보며 켄은 지금까지 멘토들과 함께했던 시간을 되돌아
보았다. 이제 1퍼센트 해법의 마지막 핵심 요소를 배우게 될 것을
생각하니 가슴이 벅차올랐다. 앞으로 어떠한 노력도 아끼지 않을
각오가 되어 있었다.

제프는 켄의 예상대로 주차장 쪽에서 나오는 게 아니라, 산책로
쪽에서 빠른 걸음으로 다가왔다. 어깨에 배낭을 메고 땀에 흠뻑 젖
었지만 얼굴에는 웃음이 가득했다. 두 사람은 악수를 하고 인사를
나눴다.

"켄, 좀 걷는 게 어때요? 내가 몸을 좀 식혀야 하거든요."

"좋습니다."

켄은 자신의 배낭을 어깨에 메며, 산책로를 함께 걷기 시작했다.
켄은 1퍼센트 해법을 자신의 삶 속에 실행하는 데 어느 정도 진전이
있었는지를 이야기했고, 제프는 훈련 프로그램에 대해 이야기했다.

"그다지 자주 오지는 않지만, 이곳은 내가 좋아하는 훈련장 중
한 곳이에요."

제프가 말했다. 켄은 왜 그런지 곧 이해가 되었다. 길이 가팔라
오르기 힘들었지만, 운동하기에는 더없이 좋을 것 같았다. 켄은 앞
을 바라보며 계속 걸었다. 온몸에서 땀이 비 오듯 쏟아졌다. 힘겹긴
했지만 어쨌든 제프와 보조를 맞출 수 있어서 기분이 좋았다. 켄은
함께 산을 오르기 위해 제프가 이곳으로 자신을 데리고 온 것인지

궁금해졌다.

어느 정도 산을 올라간 뒤, 제프가 멈춰 서서 켄에게 물었다.

"왜 내가 오늘 이곳에서 만나자고 한 줄 알아요?"

그러고 나서 제프는 오른쪽을 가리켰다. 켄은 그 길이 산의 다른 쪽으로 이어지고 있음을 그제야 발견했다. 길 아래쪽에는 숲으로 둘러싸인 깊고 푸른 호수가 있었고, 독수리 한 마리가 그들의 머리 위를 날고 있었다.

"와!"

켄은 그제야 주위 풍경의 아름다움을 느끼고 탄성을 질렀다.

"켄, 당신은 일에만 매달려 사는 것 같군요."

"맞아요, 제프. 책임감이 강해서 그런지 쉬는 게 시간을 낭비하는 것처럼 느껴져요."

"나도 예전에는 그랬어요."

제프가 대답했다. 그는 깊게 숨을 들이마시며 독수리가 급강하하는 것을 바라보았다.

"예전이라고요? 그럼, 지금은 아니란 말인가요? 얼핏 보기에도 당신은 엄청 바쁜 사람 같은데요. 훈련도 아주 많이 해야 하고, 가족하고도 시간을 보내야 하고, 또한 밥 말로는 회사도 운영하고 있다고 하던데요?"

제프가 활짝 웃자, 켄은 그가 얼마나 평온하고 중심이 잡혀 있는 사람인지 깨달았다. 어쩌면 제프 곁에는 일을 도와주는 능력 있는

인재들이 많을지도 모른다. 그게 아니라면, 매일 네 시간씩밖에 안 자면서 켄과 같은 보통 사람들이 자고 있을 때 수많은 일들을 해내는지도 모르고.

"내가 이야기 하나 해줄까요?"

제프가 켄의 어깨 위에 손을 올려놓으며 말했다. 켄은 그의 미소 속에 다른 무언가가 있음을 알 수 있었다. 그것은 오직 경험해본 사람만이 얻을 수 있는 지혜였다.

"네, 듣고 싶군요."

두 사람은 다시 산책로를 따라 걷기 시작했다.

제프는 중학교 때부터 올림픽 선수가 되고 싶었다고 한다. 그는 자신의 꿈을 위해 다른 학생들은 상상조차 하기 힘든 엄청난 훈련을 해나갔다. 매일같이 하루도 빠지지 않고 훈련했고, 주말에도 훈련을 쉬지 않았다. 그의 부모님은 그들이 사는 작은 마을에서 차로 몇 시간이나 걸리는 곳까지 운전해 아들이 최고 수준의 코치에게 훈련을 받을 수 있도록 지원해주었다. 부모님은 그가 훈련 과정을 마칠 때까지 주말을 완전히 포기해야만 했다. 그리고 대학 때도 제프에게는 파티란 존재하지 않았고, 오로지 고된 훈련과 시합의 연속이었다. 제프는 스물두 살에 마침내 올림픽 출전의 꿈을 이뤘다. 비록 4위에 그쳤지만 실망하지 않고 다음 올림픽 때는 꼭 시상대에 오르기 위해 자신을 더욱 채찍질했다.

"불과 몇 초 차이로 메달을 놓쳤어요. 0.1퍼센트도 안 되는 차이로 말이에요. 나는 그 차이를 좁히기 위해서는 곧장 훈련을 시작해 예전보다도 더 열심히 하는 수밖에 없다고 생각했어요. 코치들은 나에게 휴식 시간을 더 늘리라고 말했었지만, 내 지론은 이거였어요. '내가 쉬는 동안에도 다른 누군가는 훈련을 하고 있다.'"

켄은 이해할 수 있었다. 올림픽 선수였던 적은 없지만, 잠깐이라도 노력을 멈춘다면 다른 사람들보다 뒤처질 것 같은 느낌이 들곤 했었으니까.

"나는 곧 여기저기서 몇 분의 1초를 단축했어요. 마치 펌프질하는 것처럼 끊임없이 열정이 솟아올랐지요. 물론 내 몸의 모든 관절들은 비명을 질러대고 있었고, 한쪽 무릎은 늘 심한 통증에 시달리고 있었지만, 그것들을 무시하는 법을 배웠어요. 하와이에서 열리는 철인3종 세계선수권 경기에 참가하기 전까지는 쉴 수가 없었어요.

철인3종경기 선수들은 경기가 있기 한 달 전에는 훈련량을 줄여야만 해요. 나는 그렇게 하기 싫었지만, 할 수 없이 그렇게 했어요. 하지만 그것만으로는 충분하지 않았어요. 나도 몰랐는데 이미 몸에 상당한 피로가 누적되어 여기저기가 손상된 상태였지요. 어쨌든 나는 경기에 출전해서 내내 선두 그룹을 유지했어요. 그런데 마지막 구간을 달리는데 갑자기 무릎에 칼날이 파고드는 듯한 통증이 느껴졌어요. 나는 그대로 주저앉고 말았지요. 그래도 어떻게 해서든지 완주하려고 했고 결국 결승선을 맨 마지막으로 통과했어요.

그 뒤 셀 수 없을 만큼 많은 수술을 받았어요. 그리고 예전처럼 다시 걷기 위해 재활 센터에서 하루에 몇 시간씩 재활운동을 해야 했죠. 나는 끝없이 추락했어요. 육체적 부상 때문만이 아니라 그것은 정신적 전투이기도 했어요. 더 이상 올림픽에 나갈 수 없다고 생각하자 내 삶이 모두 끝나버린 것 같았어요. 나는 희망을 잃고 모든 걸 포기하고 말았죠. 더 이상 운동도 하지 않았고, 먹고 싶은 대로 닥치는 대로 먹어댔죠."

제프는 산비탈에 있는 계단으로 내려가야 한다고 손짓을 보냈다. 두 사람은 호수를 향해 내려가기 시작했다.

"훈련을 하는 동안 몸이 보내는 경고를 무시하고 나 자신을 끊임없이 몰아붙였던 게 문제였어요. 그동안 '보다 빨리, 보다 높이, 보다 힘차게'라는 올림픽 정신을 망각하고 있었던 거죠. 매일 한 발 한 발 내딛으며 조금씩 나아지기 위해 노력하기보다는 그저 '가장 빨리, 가장 높이, 가장 힘차게' 되기 위해 노력했어요. 늘 '이걸로는 부족해! 더, 더 더!' 라고 외쳐댔죠."

"그런데 어떻게 다시 제자리로 돌아올 수 있었나요?"

"아버지 덕분이었어요. 아버지는 내가 계속 소파에서 빈둥거리는 것을 보시고는 무척 걱정하셨어요. 그래서 동료 중 한 명을 불러 얘기해보라고 자리를 마련해주셨죠."

바로 그 사람이 제프에게 1퍼센트 해법을 소개해주었다고 한다. 그 사람과 만난 뒤로 제프는 마음의 안정을 찾고 하나씩 하나씩 건

강한 습관을 세워나갔다. 그리고 어떤 목표에 도전하든 잊지 않고 휴식 시간을 포함시켰다. 그는 다시 학교에 복학해 경영학 학위를 땄고, 단거리 철인3종경기 훈련을 시작했고, 조금씩 실력을 키워나 갔다.

"정말 열심히 했어요. 하지만 한편으로 회복을 위해 쉬는 시간도 가졌어요. 그러자 조금씩 실력이 향상되는 것이 보였어요. 철인3종 경기, 공부, 대인관계, 일, 그 밖에 뭐든지 말이에요."

산 밑자락에 도착하자 눈앞에 호수가 펼쳐졌다. 켄은 다리가 불 에 덴 듯 화끈거리고, 산을 내려올 때 긴장했던 탓인지 마구 후들 거리는 것을 느꼈다. 두 사람은 가져온 물통을 꺼내 벌컥벌컥 물을 들이켰다.

근처에는 작은 연못이 하나 있었는데 연못에서 나온 물이 작은 개울을 거쳐 호수로 흘러들어가고 있었다. 두 사람은 오솔길을 따 라 걸으며 가끔씩 등산객이나 조깅하는 사람들을 지나쳤다. 그런데 갑자기 대여섯 명의 사람들이 연못 속으로 들어가는 것이 아닌가. 켄은 그 광경을 보고 깜짝 놀랐다. 사람들 주변에는 안개처럼 모락 모락 김이 올라오고 있었다.

그제야 켄은 왜 제프가 수영복과 타월, 갈아입을 옷을 가져오라 고 했는지 이해할 수 있었다. 켄과 제프는 그곳으로 가서 들고 온 것들을 내려놓고는, 물속으로 풍덩 뛰어들었다. 물이 따뜻하게 몸 을 감싸안자 기분이 좋아졌다.

"아마추어 철인3종경기를 시작했을 때, 나는 이전보다 더 똑똑하게 훈련과 쉬는 시간 사이에 균형을 잡아야겠다고 생각했어요. 그래서 그 방법을 제대로 배우기 위해 올림픽 트레이닝 센터를 찾았지요. 그곳에서 만난 코치들은 나에게 그들의 훈련 스케줄은 언제 훈련하고 언제 쉴 것인가를 아는 것이 전부라고 했어요. 거기에는 아주 특별한 운동 회복 센터가 있었어요. 많은 운동선수들이 그 센터에서 가장 좋아하는 것 중 하나가 뭔지 알아요? 바로 따뜻한 욕조예요."

"흠, 왜요?"

켄이 씨익 웃으며 물었다. 그는 몸의 피로와 마음의 긴장까지 따뜻한 물에 녹아내리는 것을 느낄 수 있었다.

"거기서 훈련하는 운동선수들은 거의 매일 회복 센터에 가죠. 몇 가지 장비들은 뜨거운 욕조보다 훨씬 더 첨단이에요. 압축복 같은 것 말이죠."

켄의 궁금해하는 표정을 보고 제프가 설명을 했다.

"압축복을 입으면 공기가 소매와 바짓가랑이로 이동하면서 몸에 압력을 가하죠. 훈련 직후에 피가 잘 순환되도록 도와주는 거예요. 그곳에는 고압력의 물이 몸 위아래로 뿜어져 나오는 물마사지 침대도 있어요. 몸에 영양을 보충해 회복에 도움을 주는 건강스낵도 있고요. 훈련이 끝나고 나면 20분 내로 전해질과 단백질을 보충해야 해요. 그뿐만이 아니라 건조 사우나와 증기실도 있어요. 마사지사와 명상, 요가 수업도 있죠."

"정말요? 꼭 최고급 온천 같네요."

켄은 이야기를 들으면서도, 편안하게 휴식을 취하는 것이 운동은 물론이고 무슨 일에서든지 최고가 되는 방법이라는 것을 아직 이해할 수 없었다.

"켄, 어쩌면 사치스럽게 들릴지도 모르겠네요. 하지만 연구 결과에 따르면 최고 1퍼센트의 사람들은 자신의 하루 일과에 반드시 휴식 시간을 만들어 넣는다고 해요. 우사인 볼트가 그 아주 좋은 사례죠. 2008년 올림픽 100미터 경주에서 그는 9.69초로 세계 신기록을 수립했어요."

"나도 그 경기 봤어요. 정말 믿기 어려운 대기록이었죠."

"더욱 믿기 어려운 것은 그가 이전 3년 동안 9.75초의 벽을 깨지 못했다는 거예요. 그런데 그 벽을 어떻게 깼느냐고요? 어느 날 그의 트레이너가 볼트에게 회복 시간이 충분하지 못했다는 것을 깨닫게 된 게 주효했죠. 볼트는 연습 일정에 휴식 시간을 더할 때마다 기록이 떨어지지 않을까 염려했거든요. 하지만 충분한 휴식 시간을 가진 다음, 그의 기록은 오히려 0.6퍼센트가 단축되었어요. 그리고 기록이 향상되자 (비록 1퍼센트도 되지 않았음에도 불구하고) 그는 그저 뛰어난 육상선수에서 세계에서 가장 빠른 사나이가 되었죠."

"그랬군요. 이제 왜 육상선수가 몸을 혹사시키며 계속 고통스럽게 훈련을 해도 더 좋은 기록이 나오지 않는지 알 것 같아요. 하지

만 이게 나 같은 사람한테도 해당되는 이야기일까요? 내 인생관은
'더 많은 시간을 일하면 더 많은 것을 얻을 것이다' 인데요."

"스트레스를 받으면, 대다수의 사람들은 적절한 휴식과 운동, 식
사를 하지 않게 되죠. 더 적게 자고 더 오랜 시간을 일하죠. 하지만
그것은 큰 실수를 저지르는 거예요. 우선 하루에 10~12시간씩 일
하는 사람들은 10시간 이하로 일하는 사람들보다 심장 관련 질병
에 걸릴 확률이 56퍼센트나 더 높다고 해요. 더 비극적인 것은, 그
렇게 열심히 일해도 효과가 전혀 없다는 거예요. 왜냐하면 어느 지
점에 도달하면 그 이상의 시간을 일에 쏟는 것은 오히려 역효과를
낳기 때문이죠."

"그 말을 내 상사에게 해주면 좋을 것 같은데요."

켄은 씁쓸하게 웃으며 말했다.

"한번 그래 볼까요, 켄? 어쨌든 휴식 시간의 소중함을 알게 된
뒤로 나는 관련 자료들을 조금 더 찾아보았어요. 그러면서 최고 1
퍼센트의 사람들의 특징은 하루 중 집중적으로 노력하는 시간과 계
획적인 휴식 시간 사이에서 균형을 잘 유지하는 것임을 알게 되었
어요. 모든 것이 일과 휴식의 올바른 균형이라고 할 수 있죠."

"어떻게 균형을 유지해야 하는데요?"

> 최고 1퍼센트의 사람들의 특징은 하루 중 집중적으로 노력하
> 는 시간과 계획적인 휴식 시간 사이에서 균형을 잘 유지한다

는 것이에요.

"한 분야에서 최고인 사람들은 한 번에 90분 정도 집중해서 일하고, 중간 중간 휴식시간을 갖지요. 그들은 짧게 낮잠을 자고, 밤에는 적어도 8시간 이상 숙면을 취하고, 정기적으로 휴가를 즐기기도 하죠."

켄은 자신이 집중적인 노력과 계획된 휴식 시간의 리듬을 따라 산다면 육체적으로 정신적으로 어떻게 될지 잠깐 상상해보았다.

"음악 하는 학생들을 대상으로 한 연구 결과를 밥에게서 이미 들은 적이 있죠?"

"네, 들었어요. 최고가 되느냐는 얼마나 많은 시간 동안 연습하느냐에 따라 결정된다고 그러더군요. 최고가 되려면 적어도 1만 시간을 연습해야 한다고도 했고요."

"그 음악가들이야말로 연습과 휴식의 균형 잡힌 삶을 살면 어떻게 1퍼센트의 향상을 얻을 수 있는지를 보여주는 좋은 본보기예요. 그 사람들을 보면 성공이 얼마나 많이 그리고 얼마나 자주 쉬었는가에 달려 있다는 것을 알 수 있죠.

연구자들이 각 그룹의 통계를 내보았더니, 최고의 실력자들인 첫 번째 그룹은 매일 한 번에 90분가량 아무런 방해 없이 연습하고, 그 사이사이에 휴식을 취했어요. 가장 덜 성공적이었던 세 번째 그룹은 연습 시간과 휴식 시간이 들쭉날쭉했어요. 그리고 세 번째 그룹이 평균 7.6시간을 잤던 것에 비해 두 번째 그룹은 평균 8.6시간을 잤어요. 또한 두 번째 그룹은 한 주 동안 낮잠을 3시간 잤고, 세 번째 그룹은 한 주에 1시간도 자지 않았어요.”

“농담하시는 거죠? 저는 최고의 실력을 갖춘 사람들은 밤에 오직 서너 시간 밖에 자지 않는, 예민한 사람들일 거라고 생각했었어요.”

“켄, 그건 대부분 전혀 근거 없는 낭설이에요. 한 수면 전문가가 그러던데, 전체 인구 중 수면 시간을 5시간보다 적게 필요로 하는 사람의 비율은 0퍼센트래요. 사실, 95퍼센트의 사람들이 정상적으로 활동하기 위해서는 적어도 7~8시간은 잠을 자야 한다더군요. 그보다 덜 잘 수도 있다고 생각하는 대다수 사람들은 말도 안 되는 소리를 하는 거예요. 아마도 그들은 다음 날 집중하기 위해 카페인과 설탕을 섭취할 거예요. 어쩌면 푹 자고 나온 다음 날보다 성과가 떨어질지도 모르고요.”

“저 같은 경우에는 6시간이나 6시간 반쯤 자는 편이에요.”

“그 정도면 평균이네요. 하지만 당신이 지금까지 들어왔던 1퍼센트의 향상을 이루고자 한다면 탁월한 사람들의 예를 따르는 편이 좋을 거예요. 다른 1퍼센트의 멘토들과 저는 밤에 8시간씩 자기로 목표를 정했어요. 자신이 꿈꾸는 목표를 위해 잠을 자면서 충분히 준비해야 하니까요.”

“잠을 자는 것은 휴식을 취하는 건데 목표를 준비하는 것과 무슨 연관이 있다는 거죠?"

"잠을 잘 때 우리의 뇌는 기억을 처리하고 통합하죠. 1퍼센트의 사람들처럼 의도적인 연습을 하기 위해서는 밤에 숙면을 취하는 습관을 들일 필요가 있어요. 그렇게 되면 창의성과 문제해결 능력, 장기적인 안목도 크게 향상될 거예요. 잠을 충분히 자지 않으면, 컨디션이 나빠지고 초조해지며 집중력이 떨어져 결국 실수를 하고 말죠. 병원에서도 의사와 간호사들이 초과 근무를 함으로써 집중력이 떨어져서 종종 사고가 벌어지곤 한대요. 당신도 주의가 산만해져 일에 능률이 떨어졌던 적이 없었나요?"

"때때로 며칠씩 밤늦게까지 일하고 나면 다음 날 일하는 것이 정말 고역이었던 적이 있었죠."

"그래요. 잠을 충분히 자지 못하면 일하는 데 필요한 육체적, 정신적 에너지가 떨어지기 마련이고, 그것 때문이라도 더 많은 에너지를 쥐어짜낼 수밖에 없었을 거예요. 그러다 보면 결국 집중하고, 배우고, 성장할 수 있는 상황이 안 되는 거죠."

"지금 바꾸려고 노력 중인 습관을 완전히 굳힌 다음에는 더 일찍 자는 것을 다음 목표로 삼아야겠네요."

"좋은 생각이에요! 그리고 그다음에는 90분 일하고 쉬기, 점심 식사 후에 잠깐 낮잠 자기 등 새로운 습관을 시작해보세요."

"낮잠을 자라고요? 그게 효과가 있을까요? 난 잘 모르겠어요, 제프. 나도 때때로 일요일 오후에 낮잠을 자긴 하지만, 깨어나면 늘

30분 혹은 한참 더 오랫동안 정신이 몽롱하기만 하던걸요."

"낮잠을 제대로 자는 비결은 잠깐만 자야 한다는 거예요. 잠에는 몇 가지 단계가 있어요. 주말에 자는 잠은 깨어나는 데 시간이 더 오래 걸리는 깊은 단계 속으로 들어가는 잠이에요. 하지만 주중에 10분 내지 30분 정도로 가벼운 단계의 토막잠을 잘 수 있다면, 깨어나면서 매우 상쾌한 기분이 들 거예요. 일본에서 발표한 한 연구에 따르면 점심 식사 후 15분 동안 낮잠을 자면 나머지 오후 시간 내내 집중력이 높아진대요."

"점심 먹고 잠깐 낮잠을 자면 좋긴 할 것 같아요. 오후가 되면 조금씩 지치거든요. 하지만 사무실에서 잠을 자기엔 동료들의 눈치가 보여요. 다들 내가 어디 아픈 줄 알지도 모르고요."

"이해해요, 켄. 이건 내가 다녔던 여러 회사들에서 들었던 이야기인데요. 회사 사람들이 낮잠을 자기 시작하자, 사람들의 컨디션도 좋아지고 업무 성과도 올라갔대요. 당신 동료들도 당신이 낮잠을 자기 시작해 얻는 놀라운 효과를 보게 된다면 같이 시작할지도 모르죠."

"정말 그랬으면 좋겠어요. 그런데 당신이 일했던 회사 사람들은 어디서 낮잠을 잤나요?"

"세계적으로 최고의 성과를 내는 일부 회사들은 사내에 휴게실이 있지요. 하지만 나는 보다 창의적인 방법들을 많이 봤어요. 한 사장은 스트레스가 쌓인다고 느끼자 스스로에게 10분간 '사장 타

임아웃' 시간을 주었어요. 자신의 사무실 옆에 있는 낡은 창고방을
타임아웃 공간으로 개조하고 안락의자도 하나 가져다 놓았고요.

만일 사무실에 당신만의 방이 있다면, 매일 오후 한 번은 문을
닫고 문 앞에 '방해하지 마시오.'라는 팻말을 걸어놓고 안락의자에
깊숙이 몸을 묻고 낮잠을 자는 거예요. 만약 사무실이라 잠자는 것
이 꺼려진다면, 책상 의자에 몸을 뒤로 젖히고 앉아 그냥 눈을 감
고, 직원들에게 당신이 스스로를 몇 분 동안 쉬게 하고 있다고 알
리는 것도 한 방법이에요.

내 조카는 대학 도서관에서 낮잠을 자곤 하죠. 원래 그 애는 공
부의 중압감에 시달리고 있었어요. 그래서 그 애를 만나 함께 이 과
정을 시작했죠. 그 애는 90분 동안 공부한 뒤 덜 붐비는 곳 소파에
누워 20분 동안 낮잠을 자고 나서 다시 공부를 시작했어요. 다른
학생들이 처음에는 그 애를 비웃었지만 조카의 성적이 오르는 것을
보고는 몇몇 학생들이 그 애를 똑같이 따라하기 시작했어요."

"그런데 왜 매번 90분이죠?"

"그건 우리 몸의 자연적인 리듬과 관련이 있는데요, 대부분의 사
람들은 약 90분 간격으로 주의력이 높아졌다 낮아졌다 한대요. 당
신도 아마 어떤 일을 시작한 지 90분 정도 지나면 지치기 시작하는
것을 느낄 거예요. 그렇게 되면 집중하기가 점점 더 어려워지고 짜
증도 나죠."

"그럴 때면 나는 나 자신을 더 세게 몰아붙이거나 커피나 간식을

먹곤 해요."

"다음번에는 당신의 몸이 보내는 이런 신호들에 귀를 기울여 봐요. 그리고 10분 정도 휴식 시간을 가져요. 그러고 나서 다시 업무를 시작하면 얼마나 집중이 잘 되는지 발견하고 깜짝 놀라게 될 거예요."

제프는 연못 건너편에 있던 등산객과 조깅하는 사람들이 일어서서 물 밖으로 나오는 것을 보고 자신도 몸을 일으켰다. 켄도 그를 따라 일어섰다. 두 사람은 사람들이 호수 쪽을 향해 걸어가는 것을 지켜보았다.

잠시 후 등산객과 조깅하는 사람들이 한 사람씩 차례로 소리를 지르며 호수로 뛰어들었다. 제프도 그들을 따라 호수로 뛰어들었고 뒤이어 켄도 뛰어들었다. 켄은 곧 물이 차갑다고 느꼈다. 물은 정말로 차가웠다! 물 밖으로 떠오르자 숨이 턱 막혔다. 켄은 물속에서 선 채로 헤엄을 치기 시작했다.

놀란 듯한 켄의 표정을 보며 제프는 씨익 웃었다.

"회복 센터에서 운동선수들은 뜨거운 욕조에서 곧장 차가운 풀장으로 뛰어들어요. 이렇게 하면 혈액 순환도 잘되고 염증도 가라앉죠."

제프가 큰 소리로 웃음을 터뜨리자 켄도 따라 웃었다. 몸이 새로운 상황에 익숙해지자, 그는 이 변화가 상쾌하게 느껴졌고 갑자기 에너지가 솟아올랐다.

"어쩌면 대다수 사람들처럼 당신도 휴식을 취할 때 약간의 죄책
감을 느끼고 그날 일을 제대로 다하지 못했다고 생각할지도 모르겠
네요."

켄이 고개를 끄덕이자 제프가 계속 말을 이었다.

"하지만 그럴 필요가 전혀 없어요. 몇몇 연구자들이 사람들의 전
체 휴식 시간을 하루에 20분 내지 35분 더 늘리는 실험을 해봤어
요. 그랬더니 사람들은 피로감을 덜 느꼈고, 부상 횟수도 줄어들었
고, 일하는 시간이 줄어들었음에도 불구하고 생산성은 전혀 줄어들
지 않았어요. 휴식은 회복을 도와주죠. 피곤하지 않고, 지치지도 않
고, 아프지도 않게 말이에요. 이것은 당신이 매일매일 최고 수준의
성과를 이끌어낼 수 있다는 것을 의미해요."

"이제야 휴식이 왜 1퍼센트 해법에 중요한지 알겠어요. 지치면
매일 보다 나은 성과를 내기 위해 계속 노력할 수 없겠죠."

"맞아요, 켄. 나는 그것을 어렵게 배웠어요. 기억해야 할 또 한
가지는 휴식을 취하면 더 맑은 정신으로 일할 수 있다는 거예요. 복
잡한 문제를 몇 시간 동안 붙잡고 씨름했는데도 더 헤매는 것 같고
풀리지 않았던 경험이 있죠?"

"물론 있었죠. 그때는 정말 절망적이었지요. 정신적으로 완전히
지친 기분이었어요."

"그건 당신에게 휴식이 필요하고, 그것에서 벗어나 뭔가 다른 것
을 생각할 필요가 있었기 때문이에요."

"무슨 말인지 알겠어요. 전에 한번은 어떤 문제를 놓고 한참을 고민해도 잘 풀리지 않아 그만 포기하고 점심 식사로 샌드위치를 먹으려고 밖으로 나갔지요. 그런데 샌드위치를 다 먹고 사무실로 돌아와 책상에 앉는 순간, 곧바로 해결책이 생각났어요."

"연구자들은 그 시간을 '배양 시간'이라고 부르죠. 그들은 배양 시간이 문제를 창의적으로 해결하는 데 도움을 준다는 것을 밝혀냈어요. 그렇기 때문에 당신의 일과 중에 휴식 시간을 넣는 것이 중요한 거예요. 가급적이면 오전 중간에 한 번, 오후 중간에 한 번씩 쉬는 것이 좋죠."

켄은 몸을 뒤로 눕혀 푸른 하늘을 바라보았다.

"그런데 휴식 시간에는 무엇을 하는 것이 가장 좋은가요?"

"운동선수에게 회복은 종종 무언가를 수동적으로 하는 것을 뜻해요. 아무 생각 없이 욕조에 앉아 있거나 마사지를 받는 것처럼 말이에요. 하지만 육체적으로 힘든 일을 하지 않는 사람의 경우는 가벼운 운동을 하는 것이 가장 좋은 휴식 방법이기도 해요."

"왜 그렇죠?"

"당신은 명상을 하거나 음악을 듣거나, 가족들이나 친구들과 함께 앉아서 맛있는 식사를 하는 등의 수동적인 일을 할 필요가 있어요. 하지만 연구 결과에 따르면 만약 당신이 육체적인 일보다 정신적인 일을 하고 있다면, 너무 많은 수동적인 회복은 오히려 당신을 더욱 피곤하게 만들 수 있다고 하네요. 이때는 운동이 당신의 피로를 더 풀어줄 수 있다는 거예요. 집 주변을 산책하거나, 점심시간에 체육관에서 운동을 하거나, 일을 다시 시작하기 전에 수영을 하는 등 심박수를 높이고 근육과 관절을 움직이게 하는 그 어떤 운동이든 좋아요. 일주일에 적어도 세 번 그리고 매번 적어도 20분씩 하면 분명 효과를 볼 수 있을 거예요."

"컨디션이 좋으면 기분도 좋아지죠."

켄이 동의했다.

제프는 손으로 호숫가 쪽에 있는 사다리를 가리켰고, 켄은 그곳까지 헤엄쳐가서 호수 밖으로 나왔다.

제프가 뒤따라오며 말했다.

"규칙적이고 활기찬 운동은 거의 항우울제만큼의 효과가 있죠. 운동을 하면 밤에 잠도 잘 오고, 스트레스도 풀 수 있고, 뇌가 더욱 활발하게 움직이죠. 심장 혈관 운동은 우리의 몸이 새로운 뇌세포를 만들 수 있도록 자극해요. 주변의 공원 같은 자연 환경 속에서 운동을 한다면, 더 큰 효과를 볼 수 있어요."

"왜요?"

"복잡한 거리에 나오면 여기저기 눈 가는 곳이 아주 많죠. 하지만 자연에 가까이 있으면 뇌는 스스로 추스르고 회복하죠. 미시건 대학에서 학생들을 두 그룹으로 나눠 한 그룹은 공원에서 산책하게 하고 다른 그룹은 복잡한 거리를 걷게 하는 실험을 했어요. 그러고 나서 나중에 조사했더니 공원에서 걸었던 학생들이 복잡한 거리를 걸었던 학생들보다 기분이 더 좋았고 집중도 더 잘했으며, 기억력도 훨씬 더 좋았어요."

두 사람은 배낭을 놔두었던 곳으로 걸어가면서 늦은 오후의 햇살에 몸을 말렸다. 제프가 말했다.

"요즘에는 스케줄에 휴가를 넣는 사람들의 수가 점점 더 줄고 있어요."

켄은 등산, 수영, 태양이 주는 에너지를 느끼면서 젊었을 때 갔었던 휴가들과 그 휴가들이 자신에게 어떤 영향을 주었는지 생각해보았다.

"요즘엔 다들 바쁘게 사니까 온 가족이 함께 여행을 떠날 시간을 내기 어려운 것 같아요."

켄이 제프에게 말했다.

"맞아요, 켄. 그리고 요즘은 단단히 마음먹고 휴가를 떠나더라도, 이메일과 문자메시지가 절대로 가만히 쉬게 내버려 두지 않죠. 하지만 최고 1퍼센트의 사람들은 자신들의 스케줄에 적절한 휴가를 꼭 챙겨 넣고 정말 긴급 상황이 아니면 절대로 휴가를 방해받지 않아요."

"제프, 사실 난 지금 직장에서 벼랑 끝에 몰려 있어요. 그래서 일을 미뤄두고 휴가를 갈 처지가 못 돼요. 성과를 크게 올리지 못하면 휴가 가겠다고 말하기도 힘들다고요."

"당신에게 확신을 가져다 줄 좋은 사례를 말해주죠. 회계법인 언

스트&영은 한 보고서에서 매달 10시간씩 휴가를 보낸 사람은 성과가 8퍼센트 향상되었다고 발표했어요. 결국 휴가를 충분히 즐길수록 높은 성과를 낸다는 거죠.”

“그러니까 그처럼 성과를 향상시킬 수 있는 기회를 절대로 놓쳐서는 안 된다는 거군요.”

“바로 그거예요. 과거에 내 인생관이 ‘내가 쉬는 동안, 다른 누군가는 훈련을 하고 있겠지’였던 거 알고 있죠? 그런데 요새는 ‘내가 내 배터리를 충전하지 않는 동안, 누군가는 그의 배터리를 충전하고 있을 거야.’라는 게 내 인생관이 됐어요. 끝도 없이 달리다가는 언젠가는 지칠 테고, 그사이 휴식을 취한 다른 사람들은 앞으로 나아가겠죠.”

내가 내 배터리를 충전하지 않는 동안, 누군가는 그의 배터리를 충전하고 있을 것이다.

“당신이 1퍼센트 해법 속으로 더욱 깊이 들어갈수록, 당신이 가지고 있다고 생각조차 하지 못했던 시간들이 당신 앞에 열릴 거예요. 지렛대 효과와 20대 80 법칙 때문이죠. 회복의 시간을 잘 활용한다면, 계속해서 활력을 되찾고 에너지를 재충전할 수 있을 거예요. 그렇게 해야만 당신은 매일매일 한 번에 1퍼센트씩 계속 성장해나갈 수 있어요. 자, 이번엔 계단 대신 산기슭 쪽으로 돌아가 보는 게 어때요?"

켄은 키 큰 상록수 그림자가 드리워진, 평탄해 보이는 오솔길을 바라보았다.

"저 길이 마치 미래에 높은 성과를 가져다줄 휴식과 회복의 길처럼 보이네요."

7

계속되는 여행

누구나 1퍼센트는 나아질 수 있다

제프를 만난 지 5주도 채 지나지 않아 켄의 삶에 1퍼센트 해법의 법칙들이 뿌리를 내렸고, 1퍼센트 해법에 대한 이해는 날로 깊어갔다.

켄은 해야 할 일 목록을 정해놓은 시간마다 꺼내보며 어느 법칙을 적용하는 것이 좋을지 확인하고, 보다 지속적으로 적용할 필요가 있는 법칙들을 머릿속에 담아두었다. 제프와 함께 시간을 보내면서 작성한 목록을 읽어보면서, 켄은 가까운 미래에 차례로 시도할 계획을 세웠던 수많은 변화들을 떠올렸다.

1. 하루 일과 중 집중하는 시간과 휴식 시간을 번갈아 가져라.

2. 한 번에 90분 정도 집중해서 일하고, 사이사이에 휴식 시간을 가져라.

3. 매주 적어도 세 번 휴식 시간을 갖고, 20분씩 운동을 해라.

4. 낮 동안에 10분 내지 30분 정도 낮잠을 자라.

5. 정기적으로 휴가를 가라.

켄은 메모장을 테이블에 올려놓고, 골프장에 갔었던 밤 이후 처음으로 빨간 야구모자를 꺼내 썼다. 그리고 거울 쪽으로 걸어가 모자를 고쳐 쓰고 셔츠 깃을 매만진 뒤 거울에 비친 자신의 모습을 보고 싱긋 웃었다. 오늘 밤 이 모자를 쓰고 나타난다면 카를로스는 분명 깜짝 놀라겠지.

켄은 카를로스의 집에서 모이는 오늘 저녁 식사 자리를 고대해 왔다. 그동안 만났던 멘토들을 모두 다시 만날 수 있기 때문이었다. 그들을 한자리에서 모두 만나는 것은 이번이 처음이었다. 짐 코치가 전화로 멘토들의 이번 모임에 초대되었다고 알려주었을 때 켄은 무척 기쁘고 영광스러웠다.

켄은 자동차 키를 들고 문 밖으로 나가려다가 거울 속에 비친 자신의 모습을 다시 한 번 쳐다보았다. 확실히 뭔가가 달라 보였다. 그는 좀 더 자세히 보기 위해 거울 가까이 다가섰다. 그리고 뭔가가 변했다는 것을, 그것도 아주 좋은 쪽으로 변했다는 것을 알아차리고 미소를 지었다. 그건 머리스타일도, 옷도 아니었다. 바로 그 자신이었다.

켄이 도착했을 때 카를로스는 뒤뜰에서 고기를 굽고 있었다. 두 사람은 서로 쳐다보며 동시에 웃음을 터뜨렸다.

"와, 통했네요!"

카를로스가 소리쳤다. 카를로스 역시 이 날을 위해서 빨간 야구 모자를 쓰고 있었던 것이다. 그의 표정으로 보아 그 역시 켄이 깜짝 놀라기를 바랐던 것이 분명했다.

"역시 앞서가는 사람들은 생각도 비슷한 것 같아요, 그렇지 않아요?"

켄이 농담하듯 말했다.

카를로스는 혀를 불쑥 내밀어 보이고는 켄에게 손을 내밀어 반갑게 악수했다.

"잘 왔어요, 켄. 다시 만나 정말 반가워요. 당신이 이 과정을 잘 해나가고 있어 정말 기뻐요. 당신이 해낼 거라고 진즉부터 믿고 있었어요."

카를로스는 켄의 어깨를 주먹으로 가볍게 치며 덧붙였다.

다른 멘토들은 저녁 식사가 차려진 커다란 나무 테이블에 앉아 있었다. 짐 코치가 일어나며 반갑게 악수를 청했다. 밥도 악수를 하며 말했다.

"나도 자네가 끝까지 해낼 줄 알았네, 켄."

크리스와 팻도 다가와 차례로 켄을 가볍게 포옹해주며 켄에게 정말 좋아 보인다고 말했다.

켄은 그들에게 감사를 표했고, 제프가 보이지 않아 주위를 둘러보았다. 바로 그 순간 철인3종경기 선수가 도착했다. 카를로스, 밥, 짐, 크리스, 팻 모두 환호하며 휘파람을 불고 박수갈채를 보냈다. 떠들썩한 가운데 짐 코치는 제프가 몇 달 동안 열심히 훈련해 지난 주말 울트라마라톤 대회에서 우승을 차지했다고 켄에게 일러주었다. 켄도 함께 박수를 치고 환호했다. 계속해서 악수와 포옹이 이어졌다.

카를로스가 고기를 다 굽고 테이블로 접시를 나르는 동안, 손님들은 앉아서 제프에게 경기에 대해 이것저것 물었다. 제프가 승리담을 마치자 식사가 시작되었다.

"카를로스, 역시 자네 솜씨는 훌륭하군."

밥이 말했다.

"와, 정말 맛있어요."

짐 코치가 소리쳤다.

"으으음……."

팻은 맛을 음미하며 감탄사를 연발했다.

카를로스는 손님을 대접하는 데 능수능란했다. 쉴 새 없이 움직이며 손님들의 물잔을 채우고, 샐러드와 롤빵을 날랐다. 서서히 다시 이야기가 무르익었고, 켄은 정말 탁월한 그들 한 사람 한 사람의 삶 속에 어떤 일들이 일어나고 있는지 들으며 이야기에 푹 빠져들었다. 그들은 지난 번 모임 이후 달라진 부분들과 앞으로 펼쳐질 희망적인 일들을 이야기하며 서로 농담도 하고 장난도 쳤다. 그리고 서로가 헤쳐 나가야 할 힘든 도전에 대해서는 조언을 해주기도 했다.

어느 정도 배가 부르자 사람들은 차례로 몸을 뒤로 젖히며 매우 만족스러운 듯 길게 숨을 내뱉었다. 켄은 그제야 자기만 최근에 있었던 진전 사항을 이야기하지 않았음을 깨달았다.

그때 카를로스가 자리에서 일어나 손님들이 더 필요한 게 있는지 다시 한 번 둘러보았다. 하지만 사람들 모두 그에게 앉으라고 손사래를 쳤다. 그러더니 카를로스와 켄을 제외하고 다른 사람들이 테이블 맞은편에 앉아 있는 밥을 쳐다보았다. 밥의 표정이 매우 심각해 보였다.

"여러분, 바로 지금입니다."

카를로스와 켄은 혼란스러운 표정으로 사람들을 둘러보았다. 두 사람을 제외한 모든 사람들의 표정이 똑같이 심각해지더니, 테이블 아래로 손을 가져가 일제히 빨간 모자를 꺼냈다. 그러고는 모두들 모자를 머리에 쓰고 다 같이 큰 소리로 웃음을 터뜨렸다.

"정말 믿을 수가 없군요!"

카를로스가 크게 감동을 받은 듯 말했다.

"두 사람이 최근에 이 과정을 시작했을 때 똑같이 빨간 모자를 썼다는 얘길 들었지."

밥이 카를로스와 켄을 향해 고개를 끄덕였다.

"여기 있는 다른 분들도 모두 일부러 모자를 가져오셨군요. 정말 여러분 모두, 최고예요."

모두들 카를로스가 마련한 멋진 저녁 식사와 우정에 고마워하며 인사를 건넸다.

잠시 침묵이 흐르자 켄이 목청을 가다듬으며 자신의 이야기를 꺼낼 준비를 했다. 막상 입을 열려고 하니 갑자기 필요 이상으로 감정적이 되는 것 같았다.

"카를로스, 당신에게 특별한 감사를 보내고 싶습니다, 짐 코치가 당신이야말로 나를 1퍼센트 해법의 길로 인도해줄 대단한 분이라고 말했는데 정말 그 말이 맞았어요. 그리고 처음으로 내 눈을 뜨게 해준 짐 코치에게도 고맙다고 말하고 싶어요. 특별한 것과 더 특별한 것을 구분하는 것은 오직 1퍼센트 차이라는 발견은 나에게 무한한 가능성의 세계를 열어주었어요. 어떤 사람과는 달리 내가 올림픽에 나갈 일은 절대로 없겠지만……."

켄이 제프를 쳐다보며 말하자 모두들 빙긋 웃었다.

"어제보다 오늘 1퍼센트 더 나아질 수 있다는 것을 알게 되면서 나는 항상 내 인생의 승자가 된 기분을 느낄 수 있었어요. 다른 사람들보다 100퍼센트 더 잘할 수는 없지만 1퍼센트는 더 잘할 수 있다는 깨달음도 얻었고요. 그것은 참으로 대단한 것이죠."

그 말에 모두들 고개를 끄덕였다.

"그런데 여러분, 제 이야기를 시작하기 전에 먼저 말씀드릴 게 있습니다. 짐이 축구코치로서 자신이 이루었던 성과를 여러분들에게 너무 겸손하게 이야기한 것 같아서요. 사실 우리 아들 제이크의 축구팀 실력이 일취월장해서 다음 주 결승전에 나가게 됐답니다."

모두들 환호하며 박수를 쳤다.

"더 중요한 것은, 제이크와 그 팀 아이들이 1퍼센트 해법의 마음가짐을 키워나가고 있다는 것입니다. 그걸 배우게 되면 그 애들이 나중에 어떤 길을 가더라도 자신의 삶을 더 멋지게 살아갈 수 있겠지요."

"아이들에게 줄 수 있는 위대한 선물 중 하나네요."

크리스가 이렇게 말하자 모두들 동의하며 짐의 노력에 찬사를 보냈다.

> 아이들이 1퍼센트 해법의 마음가짐을 배우게 되면 나중에 어떤 길을 가더라도 자신의 삶을 더 멋지게 살아갈 수 있겠지요.

사람들이 다시 켄에게 시선을 돌리자, 켄은 다시 말을 이었다.

"카를로스를 만난 뒤, 나는 그동안 동기가 없어서 정체하고 있는 것이라는 생각에서 벗어나 뭔가를 시작하는 것만으로도 동기를 얻을 수 있다는 것을 알게 되었어요. 그동안 관성에 붙들려 늘 제자리걸음이었지만, 일단 행동을 시작하자 관성을 극복하고 탄력을 받아 계속 움직일 수 있었지요."

"물론 그 마지막 통찰은 내 덕분이 아니라 모두 팻 덕분입니다. 비록 내가 물리학에는 젬병이지만 말이에요."

카를로스가 큰 소리로 말했다.

"맞습니다, 고마워요, 팻."

켄은 이렇게 말하며 존경의 표시로 팻에게 고개를 숙였다.

"카를로스는 행동이야말로 강력한 동기유발 요소이기 때문에 무언가를 더 많이 할수록 그 일을 계속할 더 많은 동기를 얻을 수 있다는 것을 알려주었어요. 그리고 항상 목표를 깊이 생각하고 지혜롭게 행동을 선택해야 한다는 것도 이야기해 주었지요."

팻이 대화에 끼어들었다.

"제가 이루고 싶은 목표에 아무런 도움도 되지 않는 일을 하고 있다고 느껴질 때마다 저는 밑 빠진 독에 물 붓기라는 카를로스의 말이 떠올라요."

"맞아요, 팻. 바로 정확하게 이야기해 주셨네요."

켄은 잠시 말을 멈추고 냅킨에 무언가를 적기 시작했다. 모두들 기대에 찬 눈빛으로 기다렸다.

"카를로스가 나에게 그려준 도표를 보고 나서야 비로소 나는 내가 알아야 할 모든 것들을 알게 된 것 같았어요."

그는 '동기-행동 도표'를 모두가 볼 수 있게 들어올렸다.

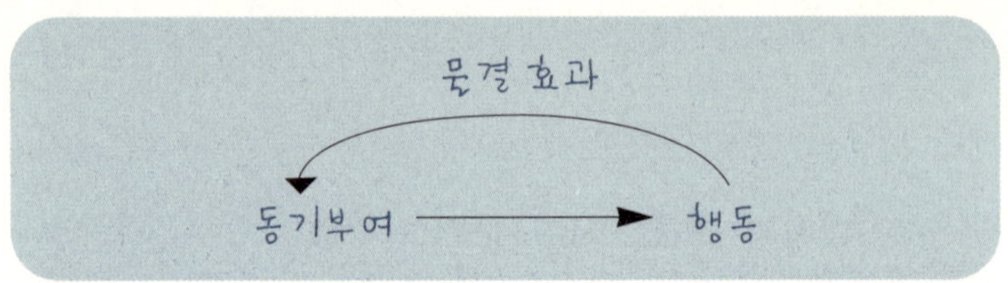

"그다음에 나는 지렛대 효과라는 놀라운 아이디어를 소개해준 팻을 만나게 됐지요. 이제 나는 커다란 변화를 가져다줄 작은 행동을 바꾸는 것이 중요하다는 것을 알게 되었어요. 그걸 깨닫게 되자 많은 성과가 있었지요."

켄이 말하고 있을 때, 카를로스가 깨끗한 냅킨 두 장을 그에게 건네줬다. 켄은 또 다른 그림을 그려서 모두에게 보여줬다.

20대 80 법칙

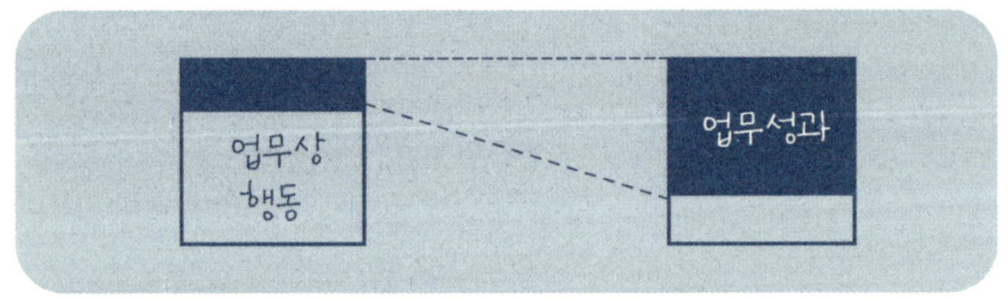

켄은 팻을 똑바로 쳐다보면서 덧붙였다.

"처음에 당신에게 법칙의 이름이 바뀌었다고 지적했던 것 미안해요. 당신이 이 방면에서는 최고라는 것을 진작에 알았어야 했는데 말이에요!"

"오! 켄, 당신도 당했군요."

크리스가 팔꿈치로 옆에 앉아있는 팻을 가볍게 찌르며 말했다. 밥도 팻을 향해 눈을 부라렸고, 짐은 야구모자 챙을 잡고 눈 아래쪽으로 깊숙이 잡아당기고는 머리를 흔들었다.

"사실 그 법칙의 이름을 바꿔서 부른 이유를 아예 처음부터 설명할 수도 있었겠죠. 하지만 그러면 재미없잖아요?"

팻이 깔깔거리며 말했다. 켄은 자리에서 일어나 테이블 위로 몸을 기울이고는 팻과 하이파이브를 했다.

켄은 1퍼센트 해법의 다음 단계를 생각하며 다시 진지해졌다. 그는 테이블 끝을 쳐다보며 천천히 입을 열었다.

"밥, 당신에게 진심으로 감사해요. 하지만 솔직히 말해 탁월해지는 데 지름길은 없다는 말을 처음 들었을 때는 정말 받아들이기 힘들었어요."

켄은 테이블을 둘러보며 그 말을 들었을 때 완전히 기가 질리는 듯한 기분을 느낀 사람이 자신만이 아니었다는 것을 알았다.

"물론, 핵심은 매일매일 더 나아지기 위해서는 연습을 해야만 한다는 것이었지요. 밥, 당신은 내게 일상 속에서 의도적으로 시간을 투자해 연습하는 법을 알려주었어요. 난 어떤 일을 얼마나 잘했는지, 다음에는 얼마나 향상될 수 있는지 평가해보기 시작했어요. 그리고 건설적인 피드백을 부탁할 수 있는 지혜롭고 믿을 만한 사람 두 명을 찾고 있어요.

당신은 또한 자신을 발전시키기 위해서는 안전지대에서 밖으로 나오도록 자극할 목표를 설정하고, 목표를 달성하기 위해 누군가의 도움을 받아야 한다는 것을 알게 해주었어요. 그리고 무엇보다도 당신은 내 자신의 모습을 돌아볼 수 있게 만들어주었어요. 진심으로 감사합니다. 당신이 말해주었던 것을 더 잘 기억할 수 있도록 도표로 정리해보았는데 한번 보실래요?"

"물론이네."

밥이 말했다. 그리고 켄이 다른 냅킨에 도표를 그리는 동안 몸을 앞으로 기울였다.

● 스트레스 단계표

10 ↑ 한계점

9 │ 한계점

8 │ 한계점

7 ↑ 긴장 (도움을 받으면 해낼 수 있는 수준)

6 │ 긴장 (도움을 받으면 해낼 수 있는 수준)

5 │ 긴장 (도움을 받으면 해낼 수 있는 수준)

4 ↑ 확장

3 │ 확장

2 │ 확장

1 │ 시작

"이거 정말 멋진데, 켄!"

밥은 도표를 보고 크게 감탄했다.

"이건 정말 유용하겠어."

사람들은 도표를 돌려가며 봤다.

"놀랍군요!"

카를로스가 말했다.

"켄, 멋진데요. 이 도표가 전체 아이디어를 명쾌하게 설명해주는군요."

짐이 덧붙였다.

켄은 계속 말을 이었다.

"점진적으로 증가하는 압박과 긴장에 대해 알고 나자 과거에 목표를 설정할 때는 목표를 달성하기 위해 어떤 것들이 필요한지 전혀 생각해보지 않았다는 사실을 깨달았어요. 어쩌면 안전지대인 스트레스 1 수준에 머물러 있는 상태에서 매우 야심적인 목표를 세웠던 거죠. 그렇게 되면 스트레스가 5, 6, 7 수준으로 올라간다는 사실도 모르고 또한 그 목표를 달성하기 위해서는 외부의 도움이나 지원이 필요하다는 것도 몰랐죠. 더욱 최악인 것은 도저히 불가능한, 말도 안 될 정도로 높은 목표를 세워 나 스스로를 스트레스 8, 9 혹은 10 수준으로까지 밀어올리곤 했죠."

"당신의 한계점까지 말이죠."

방금 도표를 받아본 팻이 말했다.

"물론 내가 전 세계 모든 사람들에게 가능한 모든 도움을 받고, 내가 할 수 있는 모든 노력을 쏟아 붓는다면 문제없겠죠. 하지만 그건 불가능하잖아요. 그러니 결국 나는 스스로에게 실망하고 마치 패배자처럼 좌절감에 빠지고 말겠죠."

"그래서 앞으로는 어떻게 할 생각인가요?"

짐이 물어봤다.

"일단 목표를 좀 더 낮게 설정하고 아무런 스트레스도 받지 않는 1의 수준으로 돌아가는 거죠. 실제로 얼마 전에 그렇게 했어요. 그러고는 마치 물이 흐르듯 자연스럽게 해나갔어요. 이제는 목표를 설정할 때 이 도표를 보고, 목표를 향해 나아가기 시작할 때 어느 정도의 스트레스를 받는지 스스로에게 물어봐요. 그래서 대체로 2~4의 확장 수준을 지향하고, 믿을 수 있는 친구나 동료의 올바른 지원을 받을 수 있다면, 5~7의 긴장 수준을 지향하죠.

그리고 회사에서 관리자로서 부하 직원들을 돕고 있어요. 과거에 내가 때때로 아주 높은 목표를 고집했다가 실패했다는 것을 알았기 때문에 부하 직원들이 목표를 설정할 때, 나 같은 실수를 하지 않도록 적절하게 지원해 주고 성장할 수 있도록 돕는 거죠."

"멋지네요. 당신 덕분에 당신과 주변 사람들은 좌절하거나 포기하는 일 없이 좋은 결과를 얻겠어요. 혹시 그 과정에서 도움이 필요한 게 있나요?"

제프가 물었다.

"네, 사실 몇 가지 조언을 구하고 싶은 게 있어요."

"그럼 새로운 목표에 도달하기 위해 노력할 때 고려하면 좋은 방법을 두 가지 알려줄게요. 첫 번째는 당신이 새로운 단계로 올라서는 것을 방해하는 장애물을 제거하는 거고, 두 번째는 새로운 길을 잘 이끌어주는 도움을 받는 거죠."

제프가 말했다.

"음, 좀 더 구체적으로 설명해주면 좋겠어요."

켄이 갸우뚱하며 말했다.

"그럼 한 가지 예를 들어보죠. 내 친구 중에 올림픽 트레이닝 센터에서 훈련 중인 수영선수가 있어요. 그 친구를 따라 수영장에 가서 선수들이 훈련하는 모습을 본 적이 있는데, 그때 센터에서 선수들에게 두 가지 도움을 주더군요. 일반인들은 잘 모르겠지만, 수영선수들이 훈련하면서 수영장 안의 물을 위아래로 휘저으면, 수면 바로 위의 공기가 마치 안개처럼 작은 물방울들로 가득 차게 돼요. 그렇게 되면 선수들이 수영을 할 때 들이마시는 산소가 줄어들게 되죠."

"그 말은 선수들이 더 열심히 훈련할수록 그들의 몸에 힘을 공급하는 연료가 더 적어진다는 말인가요?"

켄이 물었다.

"맞아요. 한번 상상해보세요. 이미 자신의 최고 기록에 가까울 정도로 온 힘을 다해 수영을 하고 있고 코치가 조금만 더 힘내라고 외치고 있어요. 그런데 안타깝게도 당신의 폐에는 산소가 충분하지 않아요. 이때 센터에서는 바람을 쏘아 수면 위의 작은 물방울들을 날려 버리죠."

"그것 참 놀랍네요. 그러니까 더 높은 성과를 내는 데 방해가 되는 장애물을 제거하며 도움을 주는 거군요."

"그렇죠. 선수들이 다음 단계로 넘어갈 때 센터에서는 또 한 가지 놀라운 일을 해요. 무언가 새로운 것을 시도할 때 얼마나 낯설게 느껴지는지 당신도 알죠?"

"너무 잘 알죠."

켄은 이렇게 말하며 크리스와 마주 보며 웃었다.

"올림픽 선수들도 마찬가지예요. 그래서 코치는 선수가 더 빠른 속도로 물을 헤치고 나갈 수 있도록 이끌어주는 기계를 이용하죠. 이 기계를 이용해 선수들은 보다 빠른 속도로 나갈 때의 느낌에 익숙해지는 거예요."

"와, 놀라운데요."

켄은 이런 방식을 자신의 일에서도 적용할 수 있을지 머릿속으로 그려보았다.

"두 가지 도움으로, 일단 선수가 과거에는 긴장 수준이었던 단계를 넘어 새로운 수준으로 도약하면……."

제프는 켄의 도표를 넘겨받아 5~7 수준을 손가락으로 짚었다.

"그것은 이제 그 선수에게 새로운 안전지대가 되는 거죠."

"그러면 선수는 긴장 수준의 새로운 목표를 세우고 그 과정을 처음부터 다시 시작하겠죠. 물론 지원을 받으면서 말이죠."

켄이 이어 말했다.

"그렇다네."

밥이 말했다.

"자네가 그 모든 것들을 잘 이해하고 자신의 삶 속에서 실행하기 시작했다니 정말 기쁘네, 켄. 하지만 잊지 말게. 목표를 정하고 계속 그 목표에 집중하는 것이 중요하다네. 그리고 목표에 도달하는 유일한 방법은 한 번에 한 발씩이라는 것 명심하게. 또한 미리 계획을 세우고 항상 현재에 최선을 다하도록 하게."

"잘 알겠습니다."

켄은 중요한 사항을 다시 상기시켜준 데 대해 밥에게 감사를 표했다.

"실은 짐 코치와 크리스 두 사람은 내가 도중에 어려운 난관에 직면했었다는 것을 알 겁니다."

켄은 두 사람을 차례로 쳐다보았고 그들은 이해한다는 듯이 미소를 지었다.

"크리스, 내가 마음을 열 수 있도록 도와줘서 정말 고마워요. 그 덕분에 1퍼센트 해법의 무한한 가능성에 눈을 뜨게 되었어요. 당신은 나에게 1퍼센트 해법의 성과는 오랜 시간을 두고 점점 더 커진다는 것을 보여주었어요. 만약 밥이 알려준 대로 의도적으로 시간을 투자해 연습을 한다면, 나는 향상된 지점에서 또다시 발전하기 때문에 무한대로 발전할 거라는 것을 깨닫게 되었어요."

"맞아요, 켄."

크리스가 맞장구를 쳤다.

"그리고 변화는 심지어 긍정적인 변화라 할지라도, 불편하거나 힘들게 느껴지는 것이 지극히 당연하다는 것을 알고 났더니 훨씬 더 받아들이기가 쉬웠어요. 당신은 오래된 생각과 습관을 내려놓는 것이 얼마나 중요한가에 대해서도 말해줬지요. 그것들을 내려놓기란 결코 쉽지 않은 일이죠. 하지만 때로는 그것을 과감하게 버려야 앞으로 나아갈 수 있다는 걸 알게 됐어요."

그때 제프가 천천히 입을 열었다.

"나는 부상으로 여러 차례 수술과 재활치료를 받은 후 다시는 올림픽에 참가하지 못할 거라는 사실을 인정하기까지 참으로 오랜 시간이 걸렸어요. 아주 오랫동안 슬픔 속에 침잠해 있었지요. 그러다가 내려놓는 것이 얼마나 중요한지 알게 되었을 때, 다시 앞으로 나아가기 위해서는 올림픽에 대한 생각을 내려놓아야 한다는 것을 깨달았어요. 올림픽에 나가 우승하는 것만이 내 인생의 유일한 의미이자 목표라는 생각에서 벗어난 거지요.

그렇게 내려놓자, 내 앞에 완전히 새로운 미래가 열렸어요. 이제 나는 내가 그동안 꿈꿔왔던 것보다 훨씬 더 행복하고 성공적인 삶을 살고 있어요. 그것은 내가 현실을 인정하고 받아들일 수 있었기 때문이에요."

"제프, 당신은 우리 모두에게 커다란 자극이 되었어요."

팻이 말했다.

"나도 한 가지 이야기할 게 있어요. 처음 재택근무를 시작했을 때, 나는 모든 사람들이 내가 슈퍼우먼이 되기를 바란다고 생각했어요. 나 스스로도 슈퍼우먼이 될 수 있다고 생각했고요. 이전에 출퇴근하고 사람들을 만나는 데 썼던 모든 시간에서 자유로워졌기 때문에 모든 것을 완벽하게 해낼 수 있다고 생각한 거죠. 연구에 더 열중하고, 더 많은 논문을 발표할 수 있다고요. 또 동네에서 가장 건강한 여자가 될 수 있고, 완벽한 가정을 꾸릴 수 있고, 좋은 아내도 될 수 있고, 무엇보다도 최고의 엄마가 될 수 있을 거라고 생각했죠.

그런데 여러분 모두 아시다시피, 나는 업무에 집중하지 못했어요. 그저 에너지를 사방팔방에 흩뿌리기만 했죠. 그런데 언니가 준 업무용 구두가 큰 효과를 가져다주었어요. 그리고 슈퍼우먼이 되겠다는 열망을 내려놓았죠. 일단 그 열망을 내려놓자 내가 하는 일에, 필요할 때 주의를 집중할 수 있었어요. 그러자 일도 더 잘할 수 있었고 모든 게 성공적이었어요."

밥이 목청을 가다듬고 켄을 향해 돌아서며 말했다.

"나도 할 이야기가 있다네. 첫 사업에서 실패했을 때 나는 완전히 궁지에 몰려 도저히 빠져나갈 방법이 없다고 생각했지. 거의 파산신청을 할 지경에까지 몰렸거든. 그때 나는 그동안 내가 일해 왔던 방식과 내가 고집해왔던 생각의 일부를 내려놓을 때임을 깨달았지. 나는 언제나 채권자들에게 30일 이내에 돈을 지불하는 것에 자부심을 가져왔다네. 하지만 그 자부심을 내려놓아야만 했지. 그렇게 하고 나자, 채권자들에게 편하게 전화해서 회사의 재정 문제를 이야기하고 그 상황을 어떻게 타개할 계획인지 말할 수 있었어. 고맙게도 그들은 나의 정직함을 믿고 새로운 지불 조건을 기꺼이 받아들여 주었다네."

"밥, 그런 이야기를 하는 게 결코 쉽지 않았을 텐데…… 고맙습니다."

켄은 밥에게 고마움을 표한 뒤 크리스를 향해 돌아서며 계속 말을 이었다.

"크리스, 당신은 나에게 무언가를 바꾸고 그 변화가 익숙해질 때까지 매일매일 30일 동안 시도해야 한다는 것을 알려주었어요. 당신 말대로 해봤더니 성공할 수 있었어요. 그리고 지금은 또 다른 변화에 도전하고 있는 중이에요. 크리스, 당신에게 진심으로 감사해요. 나의 아내와 아이들도 이 자리에 있었으면 당신에게 고맙다고 했을 거예요. 내 회사 동료들과 친구들도 마찬가지일 거고요. 사실 내가 매일 만나는 모든 사람들이 다 그럴 거예요.

내 믿음과 생각이 목표를 성취하도록 돕는 힘이 있다는 것을 알고 난 후 더 많은 것을 해낼 수 있게 되었어요. 안될 거라는 생각은

버리고, 머릿속으로 내 자신이 목표를 달성하는 모습을 그려보게 되었거든요."

켄은 잠시 말을 멈추고, 제프를 향해 돌아섰다.

"제프, 당신은 나에게 퍼즐을 완성할 수 있는 마지막 한 조각을 주었어요, 고마워요. 나는 이제 나를 매일매일 바꿔나가기 위해서는 에너지가 필요하고, 그런 에너지를 만들기 위해서는 집중적으로 노력하는 시간과 계획된 휴식 시간을 두는 순환 사이클이 필요하다는 것을 알게 되었어요. 저번에 만났을 때, 내가 밤에 8시간 자는 것에 도전해보겠다고 말한 거 기억해요? 난 지금 그 습관을 실천하고 있어요."

제프가 잘했다고 칭찬하자, 켄은 멋쩍게 말했다.

"고마워요, 제프. 하지만 지금도 모든 것을 완벽하게 잘해내진 못해요. 아직 많이 부족한걸요."

"아직이라……."

제프가 말했다.

"사실 우리 중에도 모든 걸 완벽하게 해내는 사람은 아무도 없어요, 켄."

크리스가 말했다.

"하지만 완벽하지 않으면 어때요? 매일 아침 눈을 뜰 때마다 오늘은 삶이 얼마나 달라질지 생각하면 재미있지 않나요?"

켄은 깜짝 놀랐다.

“난 나만 그런 줄 알았어요. 여러분들은 모두…….”

그는 적당한 말을 찾으면서 테이블에 앉아 있는 사람들의 얼굴을 번갈아가며 쳐다보았다.

“……모두 너무나 특별해요.”

“당신에게 비밀 한 가지를 알려주죠. 내가 힘들었던 때, 아버지 회사 동료에게 일과 회복 사이에서 균형을 유지하는 법을 배웠던 거 알고 있죠?”

제프가 말했다.

“물론이죠.”

“그 회사 동료가 바로 여기 있는 밥이에요.”

“밥이라고요?”

켄이 놀라서 소리쳤다. 밥을 생각하면 의도적인 연습과 헌신, 집중이 떠올랐지만, 휴식은 아니었다.

밥이 빙그레 미소를 지으며 말했다.

“내가 회복 분야의 전문가라는 게 믿기지 않는 건가? 사실 나 역시 한동안 거의 죽을 정도로 일과 걱정거리에 빠져서 살았다네! 그렇게 시행착오를 겪고 났더니 비로소 휴식이 얼마나 중요한지 알게 되었지.”

“나 역시 한동안 일에 빠져 휴식 시간을 가져야만 한다고 스스로에게 계속 말해줘야 했어요.”

카를로스가 말했다.

“오, 맞아요, 당신의 스케줄을 보니 대단하더군요.”

켄이 맞장구쳤다.

“스케줄까지 확인할 필요 뭐 있어요. 그냥 척 보기만 해도 알잖아요!”

몸을 뒤로 젖힌 채 제프가 말했다. 그 말을 증명이라도 하듯 카를로스는 일어나서 빠른 속도로 테이블 위의 빈 접시들을 날랐다.

“나 역시 쓸데없는 일에 주의를 뺏기지 않기 위해서 늘 집중해서 일하고, 때로는 중요한 일이 있으면 새벽 2시까지 일하곤 했어요. 휴식은 나에게는 결코 익숙한 일이 아니에요. 아직까지도요.”

팻이 말했다.

“나도 목표를 이루는 데 도움이 되지 않는 생각들을 과감히 내려놓아야 하는데 그게 잘 안돼요. 그리고 내 목표를 그려보는 데도 부족한 점이 많죠…… 아직은요.”

짐 코치가 ‘아직’이라고 덧붙여 말하자 모두들 깔깔거렸다.

크리스가 말했다.

“켄, 1퍼센트 해법이 갑자기 모든 것을 완벽하게 이룰 수 있게 해주는 마법의 주문은 아니에요. 완벽함이란 도달할 수 없는 경지니까요. 1퍼센트 해법은 매일매일 어제보다 조금씩 더 나아질 수 있도록 도와주는 거예요. 어제보다 더 나은 오늘을 살 수 있게요.”

“그건 가능한 일이니까요.”

켄이 말했다. 그는 잠시 말을 멈췄다가 다시 말을 이었다.

"처음에는 이 법칙들을 내 삶에 적용하는 게 어려운 도전이 될 줄 알았어요. 그런데 막상 실천해보니 생각만큼 어렵진 않은데요. 그리고 때로는 이 법칙을 활용해 1퍼센트 이상으로 나아지기도 하는데 이건 괜찮나요?"

모두가 큰 소리로 웃음을 터뜨렸다.

"그럼 잘된 일이죠. 그건 대단한 거예요. 정말 대단한 거죠. 대부분의 사람들이 그들이 노력하는 몇 개의 분야에서는 적어도 1퍼센트 이상으로 좋아지는 경험을 해요."

짐 코치가 다시 그에게 자신감을 불어넣어 주었다.

밥이 짐 코치에 이어 말했다.

"우리가 굳이 '1퍼센트'라고 강조하는 것은 누구든지 1퍼센트 나아지려고 시도하는 것은 어렵지 않다고 생각하기 때문이라네. 또한 이 법칙을 따른다면, 적어도 1퍼센트는 나아질 수 있다는 것을 알기 때문이지. 실제로 대다수의 사람들이 1퍼센트 이상으로 발전하는 경험을 많이 하고 있어. 우리 회사의 한 영업사원은 판매량을 적어도 한 달에 1퍼센트씩 높인다는 목표를 세웠다네. 그런데 일단 시작을 하고 나더니 판매량이 매달 2~3퍼센트씩 향상되었지. 아무리 커다란 목표라도 결국 1퍼센트씩 100번의 향상 또는 지렛대 효과를 잘 적용한다면 그런 결과를 얻을 수 있지."

"그리고 성과를 측정하는 것도 상대적일 수 있어요."

크리스가 말했다.

"그건 우리가 계획한 기간이 어느 정도냐에 따라서 달라져요. 향상해나가는 과정을 하루 단위로 보느냐, 한 달 단위로 보느냐 아니면 일 년 단위로 보느냐에 따라서 완전히 다르게 보이죠. 또한 당신이 이루고자 하는 변화를 어떤 일을 하는 방식으로 판단하느냐 아니면 그 행동의 결과로 판단하느냐에 따라 달라지기도 하죠. 대체로 비교적 짧은 기간 동안은 행동을 바꿀 수 있어요. 만약 당신이 대부분의 사람들과 같다면, 단 하루만에 일하는 방식을 적어도 1퍼센트 향상시킬 수 있을 거예요. 하지만 변화의 결과를 보기 위해서는 조금 더 길게 기다려야 할지도 몰라요. 일주일이 될 수도 있고, 한 달 또는 석 달, 심지어 일 년이 걸릴 수도 있어요."

"잡지를 책상 위에 쌓아놓는 습관을 바꾸었을 때와 같군요. 당신은 매일 새로 받은 잡지와 쌓여 있는 더미 속에서 한 권을 꺼내 읽는 것으로 행동을 변화시켰죠. 당장 행동에 적어도 1퍼센트의 변화는 주었던 거잖아요. 하지만 당신이 목표했던 궁극적인 결과인 책상을 깨끗하게 유지하기까지는 두 달의 시간이 걸렸죠."

"맞아요, 켄."

크리스가 말했다.

"중요한 것은 출발 시점에 차분히 앉아서, 당신이 행동의 변화를 통해 이루고 싶은 목표, 그리고 행동의 결과로서 보고 싶은 향상에 대해 생각해야 한다는 거예요. 그리고 나서 그 목표를 하루 만에 성취할 것인지 아니면, 한 주, 한 달, 세 달, 아니면 일 년 안에 성취할 것인지를 결정해야 해요."

켄은 테이블 주위를 빙 둘러보고는 이렇게 물었다.

"여러분이 알려준 법칙들은 내게 정말 소중해요. 혹시 지금까지 내가 놓친 것은 없나요?"

"켄, 자네가 오늘 여기서 말한 것을 보니, 이제 탁월한 삶을 살기 위해 필요한 모든 것을 알고 있다네."

밥이 말했다.

"자네는 이 법칙들을 따르면서 적어도 1퍼센트, 아니면 종종 그 이상의 향상을 이룰 수 있다는 것을 보기 시작했네. 그래서 자네가 모든 것을 단박에 향상시키고 싶은 유혹을 느끼는 것도 이해가 되네. 하지만 삶의 모든 면에서 한 번에 나아지려고는 절대로 하지 말게. 우선 한 가지에서 1퍼센트만 나아지도록 노력하고, 그다음에 또 다른 부분에 도전하게. 그렇게 하면 머지않아 1퍼센트 더 나아지는 것은 자네의 행동 방식이 될 걸세. 행동하라, 그러면 바라는 대로 될 것이다.

물론 그것이 언제나 쉬울 거라고 말하진 않겠네. 자네는 수많은 도전에 직면하게 될 걸세. 그러한 도전들은 우리의 삶과 1퍼센트 해법 과정에서 자연스러운 부분이라네. 그리고 크리스가 우리에게 보여주었듯이, 우리는 이전의 편한 상태로 되돌아가려는 경향이 있지. 편안한 것이 우리에게 늘 최상인 것도 아닌데 말이야.

또한 자네는 주변 사람들이 사는 방식대로 살고 싶은 유혹을 받기도 할 걸세. 사람들과는 다른 자신만의 길을 간다는 것이 언제나 쉽기만 한 것은 아니라네. 하지만 내 말을 믿게, 켄. 이 길을 따름으로써 얻게 될 것은 놀라울 정도로 특별하고 무한하기까지 할 걸세. 앞으로 자네의 삶, 그리고 자네 주변 사람들의 삶에서 자네가 이루어낼 수 있는 향상과 성과는 끝이 없을 걸세. 왜냐하면 물결 효과가 작용하기 때문이지. 그걸 절대로 잊지 말게."

켄은 테이블 주변의 모든 사람들의 얼굴을 찬찬히 살피고 나서, 모자를 들어 올려 경의를 표했다.

"여러분 모두에게 진심으로 감사드립니다."

"여러분이라니 그 무슨 말도 안 되는 소리예요?"

카를로스가 씨익 웃으며 말했다.

"맞아요, 켄. 우리 모두라고 해야 맞는 거죠."

짐 코치가 말했다.

테이블 주위의 사람들은 모두 미소를 지으며 모자를 벗고 켄에게도 경의를 표했다.

켄은 1년에 두 번씩 오랜 친구들을 만나 그간의 소식을 나누고 함께 시간을 보냈다. 그날 밤 그들은 데이브의 집에 모여 TV로 풋볼 경기를 보았다.

지난 번 만남 이후 데이브의 삶은 순탄치 않았다. 그의 결혼생활은 깨졌고, 더 이상 안정된 일자리를 갖지 못하고 계약직을 전전하며 살아가고 있었다. 친구들은 그런데도 데이브가 여전히 긍정적이고 낙천적인 것이 정말 대단하다고 말했다.

그러나 켄은 친구인 데이브의 모습을 보고 조금 다르게 생각했다. 켄은 데이브의 눈을 들여다보았을 때 그가 전환점에 서 있다는 것을 느꼈다. 그는 현재의 상황에 만족하지 못하고, 뭔가 새로운 길을 찾고 있었다.

경기가 끝나자 다른 친구들은 모두 돌아가고 켄만 남았다. 친구들의 자동차 소리가 멀어지자 데이브가 말했다.

"켄, 너 요즘 정말 대단해 보여."

"고마워, 데이브. 요즘엔 정말 살맛이 나."

"도대체 무슨 일이 있었던 거야? 원하는 대로 일이 풀리는 게 다 우연은 아닐 테고. 넌 뭔가 달라진 것 같아. 이상하게 생각하진 마. 켄, 너는 여전히 너이고, 내 오랜 대학 친구이지만, 너는 내가 아는 사람 중에서 가장 자신감 넘치고 긍정적이며, 가장 흔들림 없는 사람 같아 보여. 도대체 뭐야? 말해봐."

"네가 그렇게 물어봐줘서 정말 기뻐, 데이브. 그동안 참으로 멋진 여행을 해왔어. 굉장한 사람들을 만났고, 인생을 더 재미있게 사는 법을 배웠지. 그 덕분에 나는 매일 점점 더 나은 삶을 살 수 있게 되었어. 그 결과는 정말 믿을 수 없을 정도야."

데이브는 켄을 향해 몸을 앞으로 기울였다. 켄은 아들의 축구 경기가 있던 날 아마도 짐 코치가 그의 얼굴에서 보았을 듯한 빛을 데

이브의 얼굴에서도 보았다.

"커피나 한잔 할까?"

켄이 물었다.

"널 보니 이제 때가 된 것 같다. 지금부터 내가 하는 말에 너도 틀림없이 귀를 기울이게 될 거야."

운명을 바꾸는 1%

1판 1쇄 발행 2012년 2월 1일

지은이 | 톰 코넬란
옮긴이 | 최종옥, 송진구
펴낸이 | 박철준
펴낸곳 | 갈대상자
출판등록 | 2008년 7월 8일(제313-2008-110호)
주소 | 서울시 마포구 서교동 393-5 화승리버스텔 501호
전화 | 02)325-6743   팩스 | 02)324-6743
전자우편 | papyrusbasket@gmail.com

ISBN | 978-89-962150-4-2 13320

* 잘못된 책은 구입하신 곳에서 바꾸어 드립니다.